U0046890

passion

of the books, by the books, for the books

鄭振鐸

序

劫難太多，解人太少

止庵

在與鄭振鐸輩分相當地位又大致接近的那批作家中，他是仍與我們關係較多的一位。相比之下，有些當年很響亮的名字，現在只在文學史中才被提到。詩歌當行時，我們看鄭譯泰戈爾《新月集》和《飛鳥集》；圖文書時興時，他的《插圖本中國文學史》被不只一次翻印；「書話」走運時，後人所編《西諦書話》也成了範本之一。這未必是多大的緣分，卻頗為持久。現在《失書記》在臺灣出版，也是一個證明。

鄭振鐸是文化名人，有關他的生平，網上可查，無須辭費。他有多種頭銜，諸如作家、翻譯家、文學評論家、文學史家、藏書家、目錄學家、大學教授、雜誌主編，乃至政府官員等。假如要舉出其一生事業中最要緊者，依我之見，恐怕還是一般介紹文章雖然總要提及，卻非擁有上述各種頭銜就能做到的那一件：「抗日戰爭前夕，他留在上海，組織文獻保存同志會，四處奔走，為國家搶救了大批珍貴文獻。」就中即包括《脉望館鈔校本古今雜劇》。此誠為中國文化史上一樁壯舉，一項偉業。鄭氏他種作為，雖亦不凡，別人卻也做得；惟有此事，他若不做，就沒人能做了，或者沒機會做了。此中詳情，鄭氏自己多有記述，本書收錄不少，這裏不贅言。

鄭振鐸一生著述，我覺得也數《求書日錄》、《劫中得書記》、《劫中得書續記》等最有意思。雖然在他，此類之作僅為上面所說的餘緒而已。這路文字一般歸於「書話」。「書話」是很晚才有的名目，雖然可以上溯到黃丕烈《士禮居藏書題跋記》，抑或更早。說來概念、範圍都有待釐清，光靠唐弢所謂「一點事實，一點掌故，一點觀點，一點抒情的氣息」還不足以界定。這大概可以分成兩路，其一為讀書記，其一為得書記，對照黃丕烈等所作，則前者是「變格」，後者是「本格」。以二十世紀幾位「書話」大家而論，周作人的《藥堂語錄》、《書房一角》，乃至後人編進《知堂書話》的許多文章，大多係讀書記，見識之高，同時或後來作者實難望其項背；鄭振鐸、唐弢、黃裳等，則是得書記比讀書記寫得好。唐文中和，黃文恬淡，鄭文不免稍顯激越，若作他種文章或為一病，《求書日錄》、《劫中得書記》、《劫中得書續記》等卻係以非常之筆，記非常之事，是以堪稱相得益彰。我嘗謂書話尤其是得書記一體，至鄭、唐、黃大致告一段落，因為後人不再有他們那個「得」的際遇了。我輩太平日子裏搜羅幾本書，豈能與鄭氏筆下所載相比，所以這文章是沒法寫了。

鄭振鐸搶救文獻之舉，固與其個人愛好相關，即如《劫中得書續記·〈清代文集目錄〉跋》所說：「余素志恬淡，於人世間名利，視之蔑如。獨於書，則每具患得患失之心。得之，往往大喜數日，如大將之克名城。失之，則每形之夢寐，耿耿不忘者數月數年。」此中眼界、心胸，又非尋常愛書人所有。不過《劫中得書記·序》說：「夫保存國家徵獻，民族文化，其辛苦固未足埒攻堅陷陣，捨生衛國之男兒，然以余之孤軍與諸賈競，得此千百種書，誠亦艱苦備嘗矣。」《求書日錄》說：「說是『搶救』，那並不是虛假的話。如果不是為了『搶救』，在這國家存亡危急的時候，我們如何能夠再向國家要求分出一部分——雖然是極小的一部分——作戰的力量來作此『不急之務』呢？」似乎別有感慨。蓋鄭氏所為，當時並未獲得一致理解。如葉聖陶在私人通信中說：「鐸兄代購之元曲，中間有無出色之作？教部居然有此閒錢，亦殊可異。現在只要看到難民之流離顛沛，戰地之傷殘破壞，則那些古董實在毫無出錢保存之理由，我們即沒有一隻夏鼎商彝，沒有一本宋元精槧，只要大家爭氣，仍不失為大中華民族也。以教部而為此，亦不知大體之一徵矣。」（一九三八年七月二日致黃裳，見黃著《書之歸去來・故人書簡—葉聖陶》）所云「代購之元曲」，即《脉望館鈔校本古今雜劇》。巴金更曾公開予以批評。——多年以後，他在〈懷念振鐸〉一文中說：「敵人的槍刺越來越近了，我認為不能抱著古書保護自己，即使是稀世瑰寶，在必要的時候也不惜讓它與敵人同歸於盡。當時是我想得太簡單了，缺乏冷靜的思考。」國破家亡之際，兩位有此想法不足為奇，亦無可非議。然而時過境遷，我們終於明白：文化之劫比政治之劫、經濟之劫更難恢復；甚至要說，政治容或轉而清明，經濟可能重新振興，文化的損失則無以彌補。「夏鼎商彝」、「宋元精槧」、「稀世瑰寶」，沒有就沒有了。自秦火直至四十年前一番浩劫，概莫如此。我讀《史記》，見〈儒林列傳〉所云：「秦時焚書，伏生壁藏之。其後兵大起，流亡，漢定，伏生求其書，亡數十篇，獨得二十九篇，即以教于齊魯之間。」每每感動不已。今思鄭公亦差可比擬。只恨古往今來，中國文化劫難太多，而此等人物太少也。〈懷念振鐸〉係巴金末竟之作，其中又說：「我批評他『搶救』古書，批評他保存國寶，我當時並不理解他，直到後來我看見他保存下來的一本本珍貴圖書，我聽見關於他過著類似小商人生活，在最艱難、最黑暗的日子裏，用種種辦法保存善本圖書的故事，我才瞭解他那番苦心。我承認我不會做他那種事情，但是我把他花費苦心收集起來、翻印出來的一套一套的線裝書送給歐洲國家文化機構時，我又帶著自豪的感情想起了振鐸。」這當然是後話，然而我們於此更無別的可說了。

鄭振鐸另有一文為此書所未收，不妨順便一提，即一九四六年一月十二日上海《週報》所載〈惜周作人〉。上來就說：「在抗戰的整整十四個年頭裏，中國文藝界最大的損失是周作人附逆。」歸結為：「即在今日，我們不單悼惜他，還應該愛惜他！」具體言之，則是：「我們總想能夠保全他。即在他被捕之後，我們幾個朋友談起，還想用一個特別的辦法，囚禁著他，但使他工作著，從事於翻譯希臘文學什麼的。」其時周氏繫獄不久，此論豈止「不合時宜」，簡直「冒天下之大不韙」。我想鄭氏之用心，正與為國家搶救《脉望館鈔校本古今雜劇》等相同。及至周作人出獄，客居上海，成《希臘女詩人薩波》一書，是為晚年眾多著譯之第一種。「書編成後將原稿託付康嗣群君，經他轉交給上海出版公司，後來鄭西諦君知道了，他竭力慫恿公司的老闆付印，並且將它收入他所主編的【文藝復興叢書】裏邊。」（《知堂回想錄・我的工作一》）對此周氏有言：「古來有句話，索解人難得，若是西諦可以算是一個解人，但是現在可是已經不可再得了。」我們對於鄭振鐸，也應該于「文化名人」之外，再給加個「文化解人」，——老實說，擔得起這個名號的人並不算多。

二〇〇七年二月四日

（本文作者為中國大陸著名文學評論家）

目次

失書記

二十多年來，因為研究的需要和個人的偏嗜，收購了不少古書。一部部的從書店裏挾在腋下帶回來，都覺得是有用的。但一到了家，翻閱了一下，因為不是立即用到的，便往往將它向書箱裏或書櫥頂上一塞。有時，簡直是好幾年不曾再翻閱過。書一天天的堆積得多了。書箱由十二隻而二十餘隻，而五十餘隻，而至一百餘隻，放在箱子裏的書還有不少。因為研究的複雜，搜羅材料的求全求備，差不多不棄瓦石和沙礫。其實在瓦石和沙礫裏，往往可以發現些珠玉和黃金出來。十年前，得到不少的彈詞，寶卷，鼓詞和平津到潮汕的小唱本。那些小唱本一批批的購入，或由友人們的贈貽，竟積至二萬餘冊之多。「一二・八」之役，我在東寶興路的寓所淪入日人之手，一切書籍都不曾取出。書箱被用刀斧斫開的不少。全部的彈詞，鼓詞，寶卷及小唱本均喪失無遺。惟古書還保存得很多。三月間，將各餘存的書全部遷出。那時，我不在上海。高夢旦先生和家叔蓮蕃先生曾費了許多的力量去設法搬轉。許多的書箱都雜亂的堆在高宅大廳上。過了半年，方託人清鈔一份目錄。除仍留一部分存於高宅外，大多數都轉送到開明書店圖書館寄存。四五年來，我因為自己在北平，除了應用的書隨身帶去者外，全都沒有移動。在北平，又陸續的購到幾十箱的古書，其中尤以明版的小說及戲曲為多。前年夏天南旋時，又全都隨身帶了下來。倖免於和那個古城同陷淪亡。但有一部分借給友人們的書，卻一時顧不及取回了。二年以來因為寓所湫狹，竟不能將寄存之書取儲家中。「八・一三」戰事起後，虹口又淪為戰區。開明書店圖書館全部被毀於火。我的大多數的古書，未被毀於「一・二八」之役者，竟同時盡毀於此役。所失者凡八十餘箱，近二千種，一萬數千冊的書。其中有元版的書數部，明版的書二三百部；應用的書，像許多近代的叢書所失尤多。最可惜的是，積二十年之力所收集的關於詩經及文選的書十餘箱竟全部燼於一旦。在歐洲收集到的許多書（多半是關於藝術的及考古學的），也全都失去了。尚有清人的手稿數部，不曾刊行者也同歸於盡！不能無介介於心；總覺得有些對不起古人！連日閘北被敵機大肆轟炸，紙灰竟時時飄飛到小園中來。紙灰上的字跡還明顯的可辨。這又是什麼人家的文庫被毀失了！在今日抗戰開始之後，像這樣的文化上的損失，除了萬分惋惜之外，是不會比無數人民的性命財產的犧牲更令人沉痛和切齒的。而無數前敵將士們正在喋血殺敵，為國作戰，我們這些損失又算得了什麼！北平圖書館的所藏，乃至北京大學圖書館，清華大學圖書館，乃至無數私家的寶藏之圖籍還不是全都淪亡了麼？我們這些損失又算得了什麼？但我所深有感者，乃在沒有國防的國家根本上談不上「文化」的建設。沒有武力的保衛，文化的建設是最容易受摧殘的。亞述帝國的文庫還不是被深埋在地下麼？宋之內府所藏圖籍，還不是被捆載而北麼？希臘，羅馬的藝術還不是被野蠻民族所摧毀而十不存一麼？無數文人學士們的嘔盡心血的著作曾不足當野蠻的侵略者的一焚！這是古今一致，萬方同慨的事！要保全「文化」，必須要建立最鞏固的國防！失者已矣！「文化」人將怎麼保衛文化呢？當必知所以自處矣！無國防，即無文化！炮火大作，屋基為之震動。偷閑重寫「失書」的目錄為一卷。作失書記，附於後。以自警，亦以警來者！

民國二十六年十月二十六日記

原載一九三七年《烽火》

蟄居散記（摘錄）

燒書記

我們的歷史上，有了好幾次的大規模的「燒書」之舉。秦始皇帝統一六國後，便來了一次燒書。「史官非秦紀，皆燒之。非博士官所職，天下敢有藏詩書百家語者，悉詣守尉雜燒之。有敢偶語詩書者棄市。以古非今者族。吏見知不舉者與同罪。令下三十日，不燒，黥為城旦。所不去者，醫藥卜筮種樹之書。若欲有學法令，以吏為師。」這是最徹底的燒書，最徹底的愚民之計，和一般殖民地政府，不設立大學而只開設些職業、工藝學校者，有異曲同工之妙。此後，燒書的事，無代無之。有的燒歷史文獻，以泯篡奪之跡；有的燒佛教、道教的書，以謀宗教上的統一；有的燒淫穢的書，以維持道德的純潔。近三百年，則有清代諸帝的大舉燒書。我們讀了好幾本的所謂「全毀」「抽毀」書目，不禁凜然生畏；至今尚覺得在異族鐵蹄下的文化生活的如何窒塞難堪！

「八・一三」後，古書、新書之被毀於兵火之劫者多矣。就我個人而論，我寄藏於虹口開明書店裏的一百多箱古書，就在八月十四日那一天被燒，燒得片紙不存。我看見東邊的天空，有紫黑色的煙雲在突突的向上升，升得很高很高，然後隨風而四散，隨風而淡薄。被燒的東西的焦渣，到處的飄墜。其中就有許多有字跡的焦紙片。我曾經在天井裏拾到好幾張，一觸手便粉碎；但還可以辨識得出些字跡，大約是教科書之類居多。我想，我的書能否撿得到一二張燒焦了的呢？——那時。我已經知道開明書店被燒的情形——當然，這想頭是很可笑的。就撿得到了又有什麼意義，還不是徒增忉怛與憤激麼？

這是兵火之劫；未被劫的還安全的被保存著。所遭劫的還只是些不幸的一二隅之地。但到了「一二・八」敵兵佔領了舊租界後，那情形卻大是不同了。

我們聽到要按家搜查的消息，聽到為了一二本書報而逮捕人的消息，還聽到無數的可怖的怪事，奇事，慘事。

許多人心裏都很著急起來，特別是有「書」的人家。他們怕因「書」惹禍，卻又捨不得割愛，又不敢賣出去——賣出去也沒有人敢要。有好幾個友人，天天對書發愁。

「這部書會有問題麼？」

「這個雜誌留下來不要緊麼？」

「到底是什麼該留的。什麼不該留的？」

「被搜到了，有什麼麻煩沒有？」

個個人在互相的詢問著，打聽著。但有誰能夠說明那幾部書是有問題的，或那些東西是可留的呢？

我那時正忙於燒毀往來有關的信件，有關的記載，和許多報紙、雜誌及抗日的書籍——連地圖也在內。

我硬了心腸在燒。自己在壁爐裏生了火，一包包，一本本，撕碎了，扔進去，眼看它們燒成了灰，一蓬蓬的黑煙從煙通裏冒出來，燒焦了的紙片，飛揚到四鄰，連天井裏也有了不少。

心頭像什麼梗塞著，說不出的難過。但為了特殊的原因，我不能不如此小心。連秋白送給我的簽了名的幾部俄文書，我也不能不把它們送進壁爐裏去。

我覺得自己實在太殘忍了！我眼圈紅了不止一次，有淚水在落。是被煙熏的罷？

實在捨不得燒的許多書，卻也不能不燒。躊躇又躊躇，選擇又選擇。有的頭一天留下了，到了第二三天又狠了心把它們燒了。有的，已經燒了，心裏卻還在惋惜著，覺得很懊悔，不該把它們燒去。

但有了第一次淞滬戰爭時虹口、閘北一帶的經驗——有征倭論一類的書而被殺，被捉的人不少——自然不能不小心。對於發了狂的獸類，有什麼理可講呢！

整整的燒了三天。我翻箱倒篋的搜查著，捧了出來，動員孩子們在撕在燒。

「爸爸，這本書很好玩，留下來給我罷。」孩子在懇求著。

我難過極了！我也何嘗不想留下來呢？但只好搖搖頭，說道：「燒了罷，下回去買好一點的畫給你。」

在這時候，就有好些住在附近的朋友們在問，什麼書該燒，什麼書不必燒。

我沒法回答他們，領了他們到壁爐邊去。

「你自己看吧。我在燒著呢。但我的情形不同。你自己斟酌著辦罷。」

這一場燒書的大劫，想起來還有餘慄與餘憾！

不燒，不是至今還無恙麼？

但誰能料得到呢？

把它們設法寄藏到別的地方去罷。

但為什麼要「移禍」呢？這是我所絕對不肯做的事。

這是我不能不狠心動手燒的一個原因。

但也實在有些人把自認為「不安全」的書寄藏到別人家裏去的。

這還是出於自動的燒。究竟自動燒書的人還不多。大量的「違礙」的書報還儲藏在許多人家裏。有許多人不肯燒，不想燒，也有人不知道燒，甚至有人壓根兒沒有想到這件事。

過了不久，敵人的文化統制的手腕加強了。他們通過了保甲的組織，挨戶按家的通知，說：凡有關抗日的書籍、雜誌、日報等等，必須在某天以前，自動燒毀或呈繳出來。否則嚴懲不貸。

同時，在各書店，各圖書館，搜查抗日書報，一車車的載運而去，不知運向何方，也不知它們的運命如何。

這一次燒書的規模大極了！差不多沒有一家不在忙著燒書的。他們不耐煩呈繳出去，祇有出於燒之一途。最近若干年來的報紙、雜誌遭劫最甚。有許多人索性把報紙、雜誌全都燒毀了，免得惹起什麼麻煩。

外間謠傳說，連包東西的報紙，上面有了什麼抗日的記載，也要追究、捕捉的。因之，舊報紙連包東西的資格也被取消了。

最可憐的是，有的朋友已經到了內地去，他們的書籍還藏在家裏，或寄存在某友處。家裏的人到處打聽，問要緊不要緊，甚至去問保甲處的人。他們當然說要緊的，甚至還加上些恫嚇的話。

於是，不分青紅皂白的，他們把什麼書全都付之一炬；只要是有字的，無不投到了火爐裏去。

記得清初三令五申的搜求「禁書」的時候，有許多藏書家的後人，為了省得惹禍，也是將全部古書整批的燒了去。

這個書劫，實在比兵，比火，比水等等大劫更大得多，更普遍而深入得多了！

這樣紛擾了近一個多月，始終不曾見敵偽方面有什麼正式的文告。又有人說，這是出於誤會，日本人方面並沒有這個意思。

於是燒書的火漸漸的又滅了，冷了，終至不再有人提起這件事。

不燒的人，忘了燒的人，特地要小心保存這類抗日文獻的人，當然也有。

許多抗日文獻還保存得不少。像文匯年刊之類，我家裏便還保存著，忘記了燒。

書如何能燒得盡呢？「野火燒不盡，春風吹又生。」以燒書為統制的手法，徒見其心勞日拙而已。

但願這種書劫，以後不再有！

「廢紙」劫

收集故紙廢書之風，發端於數載之前，至去歲而大盛，至今春而益烈，迨春夏之交，則臻於全盛之境矣。初僅收及廢報及期刊，作為所謂還魂紙之原料。繼則漸殃及所謂違礙書，終則無書不收，無書不可投入紙商之大熔爐中矣。初僅負販叫賣者為之，繼則有一二小肆亦為之。後以利之溥而易獲也，若修綆堂，修文堂，來青閣，上海舊書商店諸大古書肆亦為之矣。初僅收拾本肆中難銷之書，殘闕之本，論擔稱斤以售出，繼則爪牙四布，搜括及於滬杭滬寧二鐵路線之周圍矣，又進而羅織至平津二市矣。於是捨正業而不為，日孳孳於惟廢紙破書之是務。予嘗數經來青閣、修文堂及上海舊書商店之門，其所堆積者，無非造紙之原料也。有教科書，有聖經，有雜誌，有大部澀銷之古書，有西書，有講義，自洋裝皮脊之過時百科全書，年鑒，人名錄，以至石印之十一朝東華錄，經策通纂，九朝聖訓，以及鉛印之圖書集成殘本，無不被囊括以去。每過肆，語價時，肆主人必曰：此書論斤時，亦須值若干若干，或曰：此書之值較論斤稱出為尤廉，或曰：此書如不能售，必將召紙商來，論斤稱付之。此或是實情實事。肆主人如急於求售，與其售之於難遇難求之購書者，誠不如貶值些，須售之於紙商之為愈也。商人重利，利之所在，趨之若鶩。豈有蠅蚋嗅得腥膻而不飛集者！於是古書之論值，除善本、孤本外，必以紙張之輕重黃白為別。輕者黃者廉，而重者白者昂，其為何等書則不問也。其不能即售者，則即舉而付之紙商，其為何等書則不問也。其書之可留應留與否則亦不問也。嘗過市，有中國書店舊存古書七十餘扎，凡五千餘本，正欲招紙商來稱斤去。予嘗見其目，多普通古書，且都為有用者，若江刻五十唐人小集，兩浙輶軒錄，楊升庵全集，十國春秋，水道提綱，藝海珠塵等書，都凡七八百種。此類書而胥欲付之大熔爐中，誠可謂喪心病狂之至者矣！肆主人云：如欲留，則應立即決定，便可不至使之成廢紙矣。予力勸其留售，肆主人不顧也。曰：至多留下二十許種市上好銷者，餘皆無用。並且指且言曰：某也不能銷，某也無人顧問，不如論斤秤出之得利多而速也。予喟然無言。至他肆屢以此數十扎書為言，力勸其收下。彼輩皆不顧，皆以不值得，不易售為言。自晨至午，無成議，而某肆主急如星火，必欲速售去。予乃毅然曰：歸予得之可也！遂以六千金付之，而救得此七八百種書。時予實窘困甚，罄其囊，僅足此數，竟以一家十口之數月糧，作此一擲救書之豪舉，事後，每自詫少年之豪氣未衰也。屬有天幸，數日後，有友復濟以數千金。乃得免於室人交謫，乃得免於不舉火。每顧此一堆書，輒欣然以為樂，若救得若干古人之精魄也。且此類事為予所未知者多矣。即知之，然予力有限，豈又能盡救之乎？戚戚於心，何時可已！每在亂書堆中救得一二稍可存者，然實類愚公之移山也。天下滔滔，挽狂瀾於既倒者復有誰人乎？惄然憂之，憤懣積中。嘗遇某人，曰：家有清時外務部石印大本圖書集成一部，欲售之，而無應者。以今日紙價論之，若作廢紙稱去，亦可得二萬餘金也。予俛而不答。嗚呼，人間何世，浩劫未艾！今而後，若求得一普通古書，價廉帙巨，而尚為紙商大熔爐劫火未及者，恐戛乎其難矣。今而後，若搜集清代普通刊本，晚清石印、鉛印本書，恐必將不易易矣。兵燹固可懼，然未必處處皆遭劫也，窮鄉僻壤，必尚有未遭兵燹之處，通都大邑亦必尚有未遇浩劫之地。禁毀誠可痛，然亦未必網羅至盡也；千密一疏，必有漏網者在；有心人不在少數，疏忽無知者，尤不可勝計；此皆魯壁也。而今則大利所在，竭澤而漁，凡兵燹所不及，禁毀所未燼者，胥一舉而盡之。凡家有破書數架，故紙一簍者，負販輩必百計出之。不必論何種書也；不必視書之完闕也；不必選别書之破蛀與否也。無須涇涇議價，更無須專家之摩挲審定，但以大稱一，論擔稱之足矣。於是千秋萬世之名著，乃與朝生暮死之早報等類齊觀矣；於是一切斷爛朝報，乃偕精心結構之鉅作同作廢紙入熔爐矣。文獻之浩劫，蓋莫甚於今日也！目擊心傷，回天無力。慘痛之甚，幾有不忍過市之感。彼堆積於市門者何物也？非已去硬面之西書，即重重疊疊之故紙舊書。剝膚敲腦，無所不至。（精明之賈，每截下一書空白之天頭，以為舊紙，供修書之用。余謚之曰敲腦。）予但能指而嘆曰：造孽，造孽！而市人輩則嬉笑自若，充耳不聞也。經此大劫，大江南北以及冀魯一帶之文獻乃垂垂盡矣！傷哉！

售書記

嗟食何如售故書，療饑分得蠹蟲餘。丹黃一付絳雲火，題跋空傳士禮居。

展向晴窗胸次了，拋殘午枕夢回初。莫言自有屠龍技，剩作天涯稗販徒。

以上是一個舊友的售書詩，這個舊友和我常在古書店裏見到。從前，大家都買書，不免帶點爭奪的情形，彼此有些猜忌，劫中，我賣書，他也賣書，見了面，大家未免常常嘆氣，談著從來不會上口的柴米油鹽的問題。他先賣石印書，自印的書，然後賣明清刊本的書。後來，便不常在古書店見到他了。大約書已賣得差不多，不是改行做別的事，便是守在家裏不出門。關於他，有種種的傳說。我心裏很難過，實在不願意在這裏再提起，這是一位在這個大時代裏最可惜、慘酷的犧牲者。但寫下他鈔給我的這首詩時，我不能不黯然！

說到售書，我的心境頓時要陰晦起來。誰想得到，從前高高興興，一部部，一本本，收集起來，每一部書，每一本書，都有它的被得到的經過和歷史；這一本書是從那一家書店裏得到的，那一部書是如何的見到了，一時躊躇未取，失去了，不料無意中又獲得之；那一部書又是如何的先得到一二本，後來，好容易方才從某書店的殘書堆裏找到幾本，恰好配全，配全的時候，心裏是如何的喜悅；也有永遠配不全的，但就是那殘帙也很可珍重，古宮的斷垣殘刻，不是也足以令人留連忘返麼？那一本書雖是薄帙，卻是孤本單行，極不易得；那一部書雖是同光間刊本，卻很不多見；那一本書雖已收入某叢書中，這本卻是單刻本，與叢書本異同甚多；那一部書見於禁書目錄，雖為陋書，亦自可貴。至於明刊精本，黑口古裝者，萬曆竹紙，傳世絕罕者，與明清史料關係極鉅者，稿本手跡，從無印本者，等等。則更是見之心暖，讀之色舞。雖絕不巧取豪奪，卻自有其爭鬥與購取之閱歷。差不多每一本，每一部書於得之之時都有不同的心境，不同的作用。為什麼捨彼取此，為什麼前棄今取。在自己個人的經驗上，也各自有其理由。譬如。二十年前，在中國書店見到一部明刊藍印本清明集和一部道光刊本「小四夢」，價各百金，我那時候傾囊祇有此數，那麼，還是購「小四夢」吧。因為我弄中國戲曲史，「小四夢」是必收之書。然而在版本上，或在藏書家的眼光看來，那清明集，一部極罕見的古法律書，卻是如何的珍奇啊！從前，我不大收清代的文集，但後來覺得有用，便又開始大量收購了。從前，對於詞集有偏嗜，有見必收，後來，興趣淡了些，便於無意中失收了不少好詞集。凡此種種，皆寄託著個人的感情。如魚飲水，冷暖自知。誰想得到，凡此種種，費盡心力以得之者，竟會出以易米麼？誰更會想得到，從前一本本，一部部書零星收得，好容易集成一類，堆作數架者，竟會一捆捆，一箱箱的拿出去賣的麼？我從來不肯好好的把自己的藏書編目，但在出賣的時候，賣書的要先看目錄，便不能不咬緊牙關，硬了頭皮去編。編目的時候，覺得部部書本本書都是可愛的，都是捨不得去的，都是對我有用的，然而又不能不割售。摩挲著，仔細的翻看著，有時又摘鈔了要用的幾節幾段，終於捨不得，不願意把它上目錄。但經過了一會，究竟非賣錢不可，便又狠了狠心，把它寫上。在劫中，像這樣的「編目」，不止三兩次了。特別在最近的兩年中，光景更見困難了，差不多天天都在打「書」的主意，天天在忙於編目。假如天還不亮的話，我的出售書目又要從事編寫了。總是先去其易得者，例如四部叢刊百衲本二十四史之類。四部叢刊，連二三編，我在前年，只賣了偽幣四萬元，百衲本二十四史，只賣了偽幣一萬元。誰想得到，在今年今日，要想再得到一部，便非花了整年的薪水還不夠麼？只好從此不作收藏這一類大部書的念頭了。最傷心的是，一部石印本學海類編，我不時要翻查，好幾次書友們見到了，總要慫恿我出賣，我實在捨不得。但最後，卻也不得不賣了。賣得的錢，還不夠半個月花，然而如今再求得一部，卻也已非易了。其後，賣了一大批明本書，再後來，又賣了八百多種清代文集，最後，又賣了好幾百種清代總集文集及其他雜書。大凡可賣的，幾乎都已賣盡了！所萬萬捨不得割棄的是若干目錄書，詞曲書，小說書和版畫書。最後一批，擬目要去的便是一批版畫書。天幸勝利來得恰如其時，方才保全了這一批萬萬捨不得去的東西。否則，再拖長了一年半載，恐怕連什麼也都要售光了。但我雖然捨不得與書相別，而每當困難的時光，總要打它的主意，實在覺得有點對不起它！如果把積「書」當作了囤貨——有些暴發戶實在有如此的想頭，而且也實在如此的做，聽說，有一個人，所囤積的四部叢刊便有二十餘部——那麼，售去倒也沒有什麼傷心。不幸，我的書都是「有所謂」而收集起來的，這樣的一大批一大批的「去」，怎麼能不痛心呢？售去的不僅是「書」，同時也是我的「感情」，我的「研究工作」，我的「心的溫暖」！當時所以硬了心腸要割捨它，實在是因為「別無長物」可去。不去它，便非餓死不可。在餓死與去書之間選擇一種，當然只好去書。我也有我的打算，每售去一批書，總以為可以維持個半年或一年。但物價的飛漲，每每把我的計劃全部推翻了。所以只好不斷的在編目，在出售；不斷的在傷心，有了眼淚，只好往肚裏倒流下去。忍著，耐著，嘆著氣，不想寫，然而又不能不一部部的編寫下去。那時候，實在恨自己，為什麼從前不藏點別的，隨便什麼都可以，偏要藏什麼勞什子的書呢？曾想告訴世人說，凡是窮人，凡是生活不安定的人，沒有恒產、資產的人，要想儲蓄什麼，隨便什麼都可以，只千萬不要藏書。書是積藏來用，來讀的，不是來賣的。賣書時的慘楚的心情實在受得夠了！到了今天，我心上的創傷還沒有癒好；凡是要用一部書，自己已經售了去的，想到書店裏去再買一部，一問價，只好嘆口氣，現在的書已經不是我輩所能購致的了。這又是用手去剝瘡疤的一個刺激。索性狠了心，不進書店，也決心不再去買什麼書了。書興闌珊，於今為最。但書生結習，掃蕩不易，也許不久還會發什麼收書的雅興罷。

但究竟不能不感謝「書」，它竟使我能夠度過這幾年難度的關頭。假如沒有「書」，我簡直衹有餓死的一條路走！

求書日錄

如果能夠盡一分力，必會有一分的成功。我十分相信這粗淺的哲學。祇要肯盡力，天下沒有不能成功的事。我夢想著要讀到錢遵王也是園書目裏所載許多元明雜劇。我相信這些古劇決不會泯沒不見於人間。他們一定會傳下來，保存在某一個地方，某一個藏家手裏。他們的精光，若隱若現的直衝斗牛之間。不可能為水、為火、為兵所毀滅。我有輯古劇本為古劇鉤沉之舉，積稿已盈尺許。惟因有此信念，未敢將此「輯逸」之作問世。後來讀到丁芝孫先生在北平圖書館月刊裏發表的也是園所藏元明雜劇跋，我驚喜得發狂！我的信念被證明是切確不移的了！這些劇本果然尚在人間！我發狂似的追逐於這些劇本之後。但丁氏的跋文，辭頗隱約，說是，讀過了之後，便已歸還於原主舊山樓主人。我託人向常熟打聽，但沒有一絲一毫的蹤影。又託人向丁氏詢訪，也是不得要領。

難道這些劇本果然像神龍一現似的竟見首不見尾了麼？「八・一三」戰役之後，江南文獻，遭劫最甚。丁氏亦已作古。但我還不死心，曾托一個學生向丁氏及趙氏後人訪求，而趙不騫先生亦已於此役殉難而死，二家後人俱不知其究竟。不料失望之餘，無意中卻於來青閣書莊楊壽祺君那裏，知道這些劇本已於蘇州地攤上發現。我極力托他購致。雖然那時，我絕對地沒有購書的能力，但相信總會有辦法的。隔了幾天，楊君告訴我說，這部書凡訂三十餘冊，首半部為唐某所得，後半部為孫伯淵所得，都可以由他設法得到。我再三地重托他。我喜歡得幾夜不能好好的睡眠。這恐怕是近百年來關於古劇的最大最重要的一個發現罷。楊君說，大約唐君的一部分，有一千五百金便可以購致，購得後，再向孫君商議，想來也不過祇要此數。我立刻作書給袁守和先生，告訴他有這麼一回事，且告訴他祇要三千金。他和我同樣的高興，立刻覆信說，他決定要購致。我立刻再到來青閣去，問他確信時，他卻說，有了變卦了。我心裏沉了下去。他說，唐君的半部，已經談得差不多，卻為孫伯淵所奪去。現在全書俱歸於孫，他卻要「待價而沽」，不肯說數目。說時，十分的懊喪。我也十分的懊喪。但仍托他向孫君商洽，也還另托他人向他商洽。孫說，非萬金不談。我覺得即萬金也還不算貴。這些東西如何能夠以金錢的價值來估計之呢！立刻跑到袁君的代表人孫洪芬先生那裏去說明這事。他似乎很有點誤會，說道：書價如此之昂，只好望洋興嘆矣。我一面託人向孫君繼續商談，一面打電報到教育部去。在這個國家多難，政府內遷之際，誰還會留意到文獻的保全呢？然而教育部立刻有了回電，說教部決定要購致。這電文使我從失望裏甦生。我自己去和孫君接洽，結果，以九千金成交。然而款呢？還是沒有著落。而孫君卻非在十幾天以內交割不可。我且喜且懼地答應了下來。打了好幾個電報去。款的滙來，還是遙遙無期。離開約定的日子衹有兩三天了！我焦急得有三夜不曾好好的睡得安穩。衹有一條路，向程瑞霖先生告貸。他一口答應了下來，笑著說道：看你幾天沒有好睡的情形，我借給你此款罷。我拿了支票，和翁率平先生坐了車同到孫君處付款取書。當時，取到書的時候，簡直比攻下了一個名城，得到了一個國家還要得意！我翻了又翻，看了又看，慎重地把這書捧回家來。把帽子和大衣都丟了，還不知道。至今還不知是丟在車上呢，還是丟在孫家。這書放在我的書房裏有半年。我為它寫了一篇長文，還和商務印書館訂了合同，委託他們出版。現在印行的孤本元明雜劇一百餘劇，便是其中的精華。我為此事費盡了心力，受盡了氣，擔盡了心事，也受盡了冤枉，然而，一切都很圓滿。在這樣的一個動亂不安的時代，我竟發現了、而且保全了這麼重要、偉大的一部名著，不能不自以為躊躇滿志的了！中國文學史上平添了一百多本從來未見的元明名劇，實在不是一件小事！我們政府的魄力也實在可佩服！在這麼軍事倥傯的時候還能夠有力及此，可見我民族力量之驚人！但也可見「有志者事竟成」，實在不是一句假話。但此書款到了半年之後方才滙來，程先生竟不曾催促過一聲，我至今還感謝他！他今日墓木已拱，不知究竟有見到這書的印行與否。應該以此書致獻於他的靈前，以告慰於他！嗚呼！季札掛劍，范張雞黍，千金一諾，豈足以比程先生之為國家民族保存國寶乎！

這是我為國家購致古書的開始。雖然曾經過若干的波折，若干的苦痛，受過若干的誣衊者的無端造謠，但我盡了這一分力，這力量並沒有白費；這部不朽的弘偉的書，隱晦了近三百年，在三百年後的今日，終於重現於世，且經過了那麼大的浩劫，竟能保全不失，不僅僅保全不失，且還能印出問世，這不是一個奇蹟麼？回想起來，還有些「傳奇」的意味，然而在做著的時候，卻是平淡無奇的。盡了一分力，為國家民族做些什麼，當然不能預知有沒有成績。然而那成績，或多或少，總會有的，有時且出於意外的好。我這件事便是一個例子。

「但管耕耘，莫問收穫。」

我今日看到這一堆的書，摩挲著，心裏還十分的溫暖，把什麼痛苦，什麼誣衊的話都忘記得乾乾淨淨。為了這麼一部書喫些苦，難道不值得麼？

「狂臚文獻耗中年」，龔定庵的這一句話，對於我是足夠吟味的。從「八・一三」以後，足足的八年間，我為什麼老留居在上海，不走向自由區去呢？時時刻刻都有危險，時時刻刻都在恐怖中，時時刻刻都在敵人的魔手的巨影裏生活著，然而我不能走。許多朋友們都走了，許多人都勸我走，我心裏也想走，而想走不止一次，然而我不能走。我不能逃避我的責任。我有我的自信力。我自信會躲過一切災難的。我自信對於「狂臚文獻」的事稍有一日之長。前四年，我耗心力於羅致、訪求文獻，後四年——「一二・八」以後——我盡力於保全、整理那些已經得到的文獻。我不能把這事告訴別人。有一個時期，我家裏堆滿了書，連樓梯旁全都堆得滿滿的。我閉上了門，一個客人都不見。竟引起不少人的誤會與不滿。但我不能對他們說出理由來。我所接見的全是些書賈們。從絕早的早晨到上了燈的晚間，除了到暨大授課的時間以外，我的時間全耗於接待他們，和他們應付著，周旋著。我還不曾早餐，他們已經來了。他們帶了消息來，他們帶了「頭本」來，他們來借款，他們來算帳。我為了求書，不能不一一的款待他們。有的來自杭州，有的來自蘇州，有的來自徽州，有的來自紹興、寧波，有的來自平、津，最多的當然是本地的人。我有時簡直來不及梳洗。我從心底裏歡迎他們的幫助。就是沒有鋪子的掮包的書客，我也一律的招待著。我深受黃丕烈收書的方法的影響。他曾經說過，他對於書商帶著書找上門的時候，即使沒有自己想要的東西，也要選購幾部，不使他們失望，以後自會於無意中有驚奇的發見的。這是千金買馬骨的意思。我實行了這方法，果然有奇效。什麼樣的書都有送來。但在許多壞書、許多平常書裏，往往夾雜著一二種好書、奇書。有時十天八天，沒有見到什麼，但有時，在一天裏卻見到十部八部乃至數十百部的奇書，足以償數十百日的辛勤而有餘。我不知道別的人有沒有這種經驗：摩挲著一部久佚的古書，一部欲見不得的名著，一部重要的未刻的稿本，心裏是那麼溫熱，那麼興奮，那麼緊張，那麼喜悅。這喜悅簡直把心腔都塞滿了，再也容納不下別的東西。我覺得飽飽的，飯都喫不下去。有點陶醉之感。感到親切，感到勝利，感到成功。我是辦好了一件事了！我是得到並且保存一部好書了！更興奮的是，我從劫灰裏救全了它，從敵人手裏奪下了它！我們的民族文獻，歷千百劫而不滅失的，這一次也不會滅失。我要把這保全民族文獻的一部分擔子挑在自己的肩上，一息尚存，決不放下。我做了許多別人認以為傻的傻事。但我不灰心，不畏難的做著，默默地躲藏的做著。我在躲藏裏所做的事，也許要比公開的訪求者更多更重要。每天這樣的忙碌著，說句笑話，簡直有點像周公的一飯三吐哺，一沐三握髮。有時也覺得倦，覺得勞苦，想要安靜的休息一下，然而一見到書賈們的上門，便又興奮起來，高興起來。這興奮，這高興，也許是一場空，他們所攜來的是那麼無用，無價值的東西，不免感到失望，而且失望的時候是那麼多，然而總打不斷我的興趣。我是那麼頑強而自信的做著這事。整整的四個年頭，天天過著這樣的生活。這緊張的生活使我忘記了危險，忘記了威脅，忘記了敵人的魔手的巨影時時有罩籠下來的可能。為了保全這些費盡心力搜羅訪求而來的民族文獻，又有四個年頭，我東躲西避著，離開了家，蟄居在友人們的家裏，慶弔不問，與人世幾乎不相往來。我絕早的起來，自己生火，自己燒水，燒飯，起初是喫著罐頭食物，後來，買不起了，只好自己買菜來燒。在這四年裏，我養成了一個人的獨立生活的能力，學會了生火，燒飯，做菜的能力。假如有人問我：你這許多年躲避在上海究竟做了些什麼事？我可以不含糊的回答他說：為了搶救並保存若干民族的文獻。這文獻工作，沒有人來做，我只好來做，而且做來並不含糊。我盡了我的一分力，我也得到了這一分力的成果。在頭四年裏，以我的力量和熱忱吸引住南北的書賈們，救全了北自山西、平津，南至廣東，西至漢口的許多古書與文獻。沒有一部重要的東西曾逃過我的注意。我所必須求得的，我都能得到。那時，偽滿的人在購書，敵人在購書，陳羣、梁鴻志在購書，但我所要的東西決不會跑到他們那裏去。我所持剩下來的，他們才可以有機會揀選。我十分感謝南北書賈們的合作。但這不是我個人的力量，這乃是國家民族的力量。書賈們的愛國決不敢後人。他們也知道民族文獻的重要，所以不必責之以大義，他們自會自動的替我搜訪羅致的。祇要大公無私，自能奔走天下。這教訓不單用在訪求古書這一件事上面的吧。

我的好事和自信力使我走上了這「狂臚文獻」的特殊的工作的路上去。

我對於書，本來有特癖。最初，我收的是西洋文學一類的書；後來搜集些詞曲和小說，因為這些都是我自己所喜愛的；以後，更羅致了不少關於古代版畫的書冊。但收書範圍究竟很窄小，且因限於資力，有許多自己喜愛的東西，非研究所必需的，便往往割愛不收。「非不為也，是不能也。」

現在，有了比自己所有的超過千倍萬倍的力量，自可「指揮如意」的收書了。興趣漸漸地廣賾，更廣賾了；眼界也漸漸地闊大，更闊大了。從近代刊本到宋元舊本，到敦煌寫經卷子，到古代石刻，到鐘鼎文字，到甲骨文字，都感到有關聯。對於鈔校本的好處和黃顧（黃蕘圃顧千里）細心校勘特點，也漸漸地加以認識和尊重。我們曾經有一顆長方印：「不薄今人愛古人」，預備作為我們收來的古書、新書的暗記。這是適用於任何圖籍上的，也表明了我們的態度。「不薄今人愛古人」，對於一個經營圖書館的人，所有的圖書，都是有用的資材。一本小冊子，一篇最頑固、反動的論文，也都是「竹頭木屑」，用到的時候，全都能發生價值。大概在這一點上，我們與專門考究收藏古本善本的，專門收藏鈔校本，或宋元本，或明刊白綿紙本、或清殿版、或清開化紙書的人有所不同。他們是收藏家。我們替國家圖書館收書卻需有更廣大，更寬恕，更切用的眼光。圖書館的收藏是為了大眾的及各種專家們的。但收藏家卻祇是追求於個人的癖好之後。所以我為自己買書的時候，也祇是顧到自己的癖好，不旁騖，不雜取，不兼收並蓄，但為圖書館收書時，情形和性質便完全不同了。

這使我學習到不少好的習慣和廣大的見解；也使我對於過去從未注意到或不欲加以研究的古代書冊，開始得到些經驗和知識。

若干雕鏤精工的宋刊本，所謂紙白如玉，墨若點漆的，曾使我沉醉過；即所謂麻沙本，在今日也是珍重異常，飄逸可愛。元刊本，用趙松雪體寫的，或使用了不少簡筆字，破體字的民間通俗本，也同樣的使我覺得可愛或有用。

明刊本所見最多，異本奇書的發見也最多。嘉靖以前刊本，固然古樸可喜，即萬曆以下，特別是天啟、崇禎間的刊本，曾被列入清代禁書目錄的，那一部不是國之瓌寶，那一部不是有關民族文獻或一代史料的東西！

清初刊本，在禁書目錄裏的，固然可寶貴，即嘉道刊本，經洪楊之亂，流傳絕罕的，得其一帙，也足以拍案大叫，浮白稱快！

即民國成立以來，許多有時間性的報章、雜誌，我也並不歧視之。其間有不少東西至今對於我們還可以有參考的價值。

至於柳大中以下的許多明鈔校本，錢遵王、陸敕先輩之批校本，為先民賢哲精力之所寄的，卻更足以使我挲摩不已，寶愛不忍釋手了。

可惜收書的時間太短促，從二十九年的春天開始，到了三十年的冬初，即「十二月八日」太平洋戰爭爆發後，即告結束，前後不過兩年的工夫。但在這兩年裏，我們卻搶救了，搜羅了很不少的重要文獻。在這兩年裏，我們創立了整個的國家圖書館。雖然不能說「應有盡有」，但在「量」與「質」兩方面卻是同樣的驚人，連自己也不能相信竟會有這麼好的成績！

說是「搶救」，那並不是虛假的話。如果不是為了「搶救」，在這國家存亡危急的時候，我們如何能夠再向國家要求分出一部分——雖然是極小的一部分——作戰的力量來作此「不急之務」呢？

我替國家收到也是園舊藏元明雜劇，是偶然的事；但這「搶救」民族文獻的工作，卻是有計劃的，有組織的。

為什麼在這時候非「搶救」不可呢？

「八・一三」事變以後，江南藏書家多有燼於兵火者。但更多的是，要出售其所藏，以贍救其家屬。常熟瞿氏「鐵琴銅劍樓」叕矣，樓中普通書籍均蕩然一空，然其歷劫僅存之善本，固巍然猶存於上海。蘇州「滂喜齋」的善本，也遷藏於滬，得不散失。然其普通書也常被劫盜。南潯劉氏嘉業堂，張氏適園之所藏，均未及遷出，岌岌可危。常熟趙氏舊山樓及翁氏、丁氏之所藏，時有在古書攤肆上發現。其價奇廉，其書時有絕佳者。南陵徐氏書，亦有一部分出而易米，一時上海書市，頗有可觀。而那時購書的人是那麼少！謝光甫君是一個最熱忱的收藏家，每天下午必到中國書店和來青閣去坐坐，幾乎是風雨無阻。他所得到的東西似乎最多且精。雖然他已於數年前歸道山，但他的所藏至今還完好不缺。這是一個很重要的書庫，值得驕傲的。我也常常到書店裏去，但所得都為「奇零」，且囿於小說、戲曲的一隅。張堯倫、程守中諸位也略有所得，但所得最多者卻是平賈們。他們輦載北去，獲利無算。聞風而至者日以多。幾乎每一家北平書肆都有人南下收書。在那個時候，他們有縱橫如意、壟斷南方書市之概。他們往往以中國書店為集中的地點。一包包的郵件，堆得像小山阜似的。我每次到了那裏，總是緊蹙著雙眉，很不高興。他們說某人得到某書了，我連忙去追蹤某人，卻答道，已經寄平了，或已經打了包了。寄平的，十之八九不能追得回來，打了包的，有時還可以逼著他們拆包尋找。但以如此方法，得到的書實在寥寥可數，且也不勝其煩。他們壓根兒不願意在南方售去。一則南方書價不高，不易得大利；二則我們往往知道其來價，不易「虎」人，索取高價；三則他們究竟以平肆為主，有好書去，易於招攬北方主顧。於是江南的圖籍，便浩浩蕩蕩的車載北去。我一見到他們，便覺得有些觸目傷心。雖然我所要的書，他們往往代為留下，但我的力量是那麼薄弱，我所要的範圍，又是那麼窄小，實在有類於以杯水救車薪，全不濟事。而那兩年之間，江南散出去的古籍，又是那麼多，那麼齊整，那麼精好，而且十分的廉價。徐積餘先生的數十箱清人文集，其間罕見本不少，為平賈掃數購去，打包寄走。常熟翁氏的書，沒有一部不是難得之物，他們也陸續以低價得之。憶有四庫底本一大堆，高及尺許，均單本者，為修綆堂孫助廉購去。後由余設法追回，僅追得其「糟粕」十數本而已。沈氏粹芳閣的書散出，他們也幾乎羅網其全部精英，我僅得其中明刊本皇明英烈傳等數種耳。又有紅格鈔本慶元條法事例，甚是罕見，亦為他們得去。他們眼明手快，人又眾多，終日蟠據漢口路一帶，有好書必為其所奪去。常常覺得懊惱異常。而他們所得售之誰何人呢？據他們的相互傳說與告訴，大約十之六七是送到哈佛燕京學社和華北交通公司去，以可以得善價也。偶有特殊之書，乃送到北方的諸收藏家，像傅沅叔、董綬經、周叔弢那裏去。殿版書和開化紙的書則大抵皆送到偽「滿洲國」去。我覺得：這些兵燹之餘的古籍如果全都落在美國人和日本人手裏去，將來總有一天，研究中國古學的人也要到外國去留學。這使我異常的苦悶和憤慨！更重要的是，華北交通公司等機關，收購的書，都以府縣誌及有關史料文獻者為主體，其居心大不可測。近言之，則資其調查物資，研究地方情形及行軍路線；遠言之，則足以控制我民族史料及文獻於千百世。一念及此，憂心如搗！但又沒有「挽狂瀾」的力量。同時，某家某家的書要散出的消息，又天天在傳播著。平賈們也天天鑽門路，在百計營謀。我一聽到這些消息，便日夜焦慮不安，亟思「搶救」之策。我和當時留滬的關心文獻的人士，像張菊生、張詠霓、何柏丞、張鳳舉諸先生，商談了好幾次。我們對於這個「搶救」的工作，都覺得必須立刻要做！我們乾脆地不忍見古籍為敵偽所得，或大量的「出口」。我們聯名打了幾個電報到重慶。我們要以政府的力量來阻止這個趨勢，要以國家的力量來「搶救」民族的文獻。

我們的要求，有了效果，我們開始以國家的力量來做這「搶救」的工作。

這工作做得很秘密，很成功，很順利，當然也免不了有很多的阻礙與失望。其初，僅阻擋住平賈們不將江南藏書北運，但後來，北方的古書也倒流到南方來了。我們在敵偽和他國人的手裏奪下了不少異書古本。

「八・一三」後的頭兩年，我以個人的力量來羅致我自己所需要的圖書，但以後兩年，卻以國家的力量，來「搶救」許許多多的民族文獻。

我們既以國家的力量，來做這「搶救」文獻的工作，在當時敵偽的爪牙密布之下，勢不能不十分的小心秘密，慎重將事。我們想用私人名義或尚可公開的幾個學校，像暨大和光華大學的名義購書。我們並不想「求」書，我們衹是「搶救」。原來的目的，注重在江南若干大藏書家。如果他們的收藏，有散出的消息，我們便設法為國家收購下來，不令其落於書賈們和敵偽們的手中。我們最初極力避免與書賈們接觸。怕他們多話，也怕有什麼麻煩。但書賈們的消息是最靈通的，他們的手段也十分的靈活。當我們購下蘇州玉海堂劉氏的藏書，又購下羣碧樓鄧氏的收藏之後，他們開始騷動了。這些家的收藏，原來都是他們「逐鹿」之目標，久思染指而未得的。在這幾年中，江南藏書散出者，尚未有像這兩批那麼量多質精的。他們知道力不足以敵我們，特別是平賈們，也知道在江南一帶已經不能再得到什麼，便開始到我家裏走動，不時的攜來些很好、很重要的「書樣」。我不能不「見獵心喜」，有動於中。和詠霓、柏丞二先生商量了若干次，我們便決定也收留些書賈們的東西。

這以來，書賈們便一天天的來得多，且來的更多了。我家裏的「樣本」堆得好幾箱。時時刻刻要和詠霓、菊生、柏丞諸先生相商，往來的信札，疊起來總有一尺以上高。——這些信札，我在「一二‧八」以後，全都毀去，大是可惜。惟我給詠霓先生的信札，他卻為我保存起來。——我本來是一個「好大喜功」的人，收書的範圍越來越廣。所收的書，越來越多。往往弄得拮据異常。我殫心竭力地在做這件事，幾乎把別的什麼全都放下了，忘記了。我甚至忘記了為自己收書。我的不收書，恐怕是二十年來所未有的事。但因為有大的目標在前，我便把「小我」完全忘得乾乾淨淨。我覺得國家在購求搜羅著，和我們自己在購求搜羅沒有什麼不同。藏之於公和藏之於己，其結果也沒有什麼不同。我自己終究可以見到，讀到的。更可喜悅的是，有那麼多新奇的書，精美的書，未之前見的書，擁擠到一塊來，我自己且有眼福，得以先睹為快。我是那麼天真地高興著，那麼一股傻勁的在購求著，雖然忙得筋疲力盡也不顧。詠霓先生的好事和好書之心也不下於我。我們往往是高高興興地披閱著奇書異本，不時的一同拍案驚喜起來！在整整兩年的合作裏，我們水乳交融，從來沒有一句違言，甚至沒有一點不同的意見。詠霓先生不及看「昇平」而長逝，我因為環境關係，竟不能撫棺一慟！抱憾終生！

不忍見我們所得的「書」！謹以此「日錄」奉獻給詠霓先生，以為永念！

我們得到了玉海堂、羣碧樓二藏書後，又續得嘉業堂明刊本一千二百餘部。這是徐森玉先生和我，耗費了好幾天工夫從劉氏所藏一千八百餘部明刊本裏揀選出來的。一舉而獲得一千二百部明本，確是空前未有之事。本來要將嘉業堂藏書全部收購，一以分量大多，皮藏不易；二則議價未諧，不如先擷取其精華。這些書最初放在我家裏，簡直無法清理，堆得「滿坑滿谷」的，從地上直堆到天花板，地上更無隙地可以容足。我們曾經把它們移遷到南京路科發藥房堆棧樓上。因為怕不謹慎，又搬了回來。後來科發堆棧果被封閉，幸未受池魚之殃。——雖然結果仍不免於被刼奪。

蘊輝齋張氏，風雨樓鄧氏，海鹽張氏，和涉園陶氏的一部分殘留在滬的藏書，也均先後入藏。從南北各地書賈們手中所得到的，也有不少的東西。

最後，南潯適園張氏藏書，亦幾經商洽而得全部收歸國有，除了一部分湖州的鄉邦文獻之外。這一批書，數量並不太多，祇有一千餘部，但精品極富，僅黃蕘圃校跋的書就在一百種左右。

這時，已近於「一二・八」了，國際形勢一天天的緊張起來。上海的局面更一天天的變壞下去。我們實在不敢擔保我們所收得的圖書能夠安全的庋藏。不能不作遷地為良之計。首先把可列入「國寶」之林的最珍貴古書八十多種，托徐森玉先生帶到香港，再由香港用飛機運載到重慶去。這事，費盡了森玉先生的心與力，好容易才能安全的到了目的地。國立中央圖書館接得這批書之後，曾開了一次展覽會，聽說頗為聳動一時。其餘的明刊本，鈔校本等，凡三千二百餘部，為我們二年來心力所瘁者，也都已陸續的從郵局寄到香港大學，由亡友許地山先生負責收下，再行裝箱設法運到美國，暫行庋藏。這個打包郵寄的工作，整整地費了我們近兩個月的時間。葉玉虎先生在香港方面也盡了很大的力量。他在港、粵所收得的書也加入其中。

不料剛剛裝好箱，而珍珠港的炮聲響了，這一大批重要的文獻、圖書，便被淪陷於香港了。至今還未尋找到它們的蹤跡，存亡莫卜，所在不明。這是我最為疚心的事，也是我最為抱憾，不安的事！

我們費了那麼多心力所搜集到的東西。難道竟被毀失或被劫奪了麼？

我們兩年間辛苦勤勞的所得難道竟亡於一旦麼？

我們瘁心勞力從事於搜集，訪求，搶救的結果，難道便是集合在一處，便於敵人的劫奪與燒毀麼？

一念及此，便搥心痛恨，自怨多事。假如不寄到香港去，也許可以仍舊很安全的保全在此地吧？假如不搜集攏來，也許大部分的書仍可楚弓楚得，分藏於各地各收藏家手裏吧？

這個「打擊」實在太利害了！太嚴重了！我們時時在打聽著，在訪問著；然而毫無消息。日本投降，香港接收之後，經了好幾次的打聽，訪問，依然毫無蹤影。難道果真完全毀失了，沉沒了麼？但願是依然無恙的保存在某一個地點！但願不沉失於海洋中！但願能夠安全的被保存於香港或日本的某一個地方，我不相信這大批的國之瓌寶便會這樣的無影無蹤地失去！我禱求它們的安全！

今日翻開了那寄港書的書目，厚厚的兩冊，每一部書都有一番收購的歷史；每一部書都使我感到親切，感到羞歉，感到痛心！他們使我傷心落淚，使我對之有莫名的不安與難過！為什麼要自我得之，復自我失之呢？

雖然此地此時還保存著不少的足以驕傲的東西，還有無數的精品，善本乃至清代刊本，近代文獻。然而總覺得失去的那一批實在太可惜太愧對之了！我們要竭全力以尋訪之，要「上窮碧落下黃泉」的尋訪之！

政府正在組織一個赴日調查文物的團體，我希望這團體能夠把這一批書尋到一個下落——除非得到了他們的下落，我的心永遠是不能安寧的！

「一二・八」後，我們的工作不能不停止。一則經濟的來源斷絕；二則敵偽的力量已經無孔不入，決難允許像我們這樣的一個組織有存在可能；三則，為了書籍及個人的安全計，我不能不離開了家，我一離開，工作也不能不隨之而停頓了。

那時我們還不知道香港的消息如何，我們還在希望香港的書已經運了出去，但又擔心著中途的沉失與被扣留。而同時存滬的書卻不能不作一番打算。「一二・八」後的一個星期內，我每天都在設法搬運我家裏所藏的書。一部分運藏到設法租得之同弄堂的一個醫生家裏；一部分重要的宋、元刊本鈔校本，則分別寄藏到張乾若先生及王伯祥先生處。所有的帳冊，書目等等，也都寄藏到張、王二先生處。比較不重要的帳目，書目，則寄藏於來熏閣書店。又有一小部分古書，則寄藏於張芹伯先生和張蔥玉先生叔侄處。整整忙碌了七八天，動員我家裏的全體的人，連孩子們也在內。還有幾位書店裏的夥友們，他們無時無刻不在忙碌地搬著運著。為了避免注意，不敢用搬場車子，祇是一大包袱、一大包袱的運走。因此，搬運的時間更加拖長。我則無時無刻，不在擔心著，生怕中途發生了什麼阻礙。直等到那幾個運送的人平安的歸來了，方才放下心頭上的一塊石。這樣，戰戰兢兢地好容易把家裏的書運空，方才無牽無掛地離開了家。

這時候，外面的空氣越來越恐怖，越來越緊張，已有不少的友人被逮捕了去，我乃不能不走。我走的時候是十二月十六日。我沒有確定的計劃，我沒有可住的地方，我沒有敷餘的款子。——我所有的款子祇有一萬元不到，而搬書已耗去二千多。——從前暫時躲避的幾個戚友處，覺得都不大妥，也不願牽連到他們，只隨身攜帶著一包換洗的貼身衣衫和牙刷、毛巾，茫茫的在街上走著。那時，愛多亞路，福煦路以南的舊法租界，似乎還比較的安靜些，便無目的向南走去。這時候我頗有殉道者的感覺，心境慘惶，然而堅定異常。太陽很可愛的曬著，什麼都顯得光明可喜，房屋、街道，禿頂的樹，雖經霜而還殘存著綠色的小草，甚至街道上的行人，車輛，乃至蹲在人家門口的貓和狗，都覺得可以戀戀。誰知道明天或後天，能否再見到這些人物或什麼的呢！

我走到金神父路，想到了張耀翔先生的家。我推門進去，他和他的夫人程俊英女士，十分殷勤的招待著；堅留著喫飯和住宿，我感動得幾乎哭了出來。在他那裏住了一宿。但張先生是我的同事，我不能牽惹到他。第二天一清早。便跑到張乾若先生處，和他商量。乾若先生一口氣答應了下來，說，食宿的事，由他負責。約定黃昏的時候，再來一趟，由他找一個人帶我去汝林路住下。我再到張宅，取了那個小包袱，還借了一部鉛印的杜工部詩集，辭別了他們，他們還堅留著我多住若干時日。我不能不辭謝了，說不出什麼感激的話。那天下午在乾若先生那裏，和他商定了改姓易名的事，和將來的計劃。他給我以許多肯定而明白的指示。到了薄暮的時候，汝林路的房主人鄧芷靈先生和夫人來了。匆匆地介紹一下，他們便領我到寓所那裏去。電燈已經亮了，我隨著走了不少不熟悉的路，彷彿走得很久，方才到了他們那裏。床鋪和椅桌都已預先布置好。芷靈先生年齡已經很大，爽直而殷勤，在燈下談了好些話，直到我連打了好幾次的呵欠。那一夜，我做了不少可怕的夢，甚至連汽車經過街上，也為之驚慌起來。

第二天，我躲在房裏讀杜詩，並且摘錄好幾首出來。筆墨硯紙等也是向張家借得的。

過了幾天，心裏漸漸安定了下來，又到外面去走走，然而總不敢走到熟悉的人家去，只打了一個電話回家說是：「平安」而已。這樣的便和「廟弄」的家不相往來！直到我祖母故世的時候，方才匆匆的再回來一趟，又匆匆的走了，一直在外面住了近四年的時候。

在這四年之間，過的生活很苦，然而很有趣。我從沒有過這樣的生活過。前幾次也住到外面過，但祇是短時期的。也沒有這次那麼覺得嚴重過。有時很驚恐，又有時覺得很坦然。有一天清晨，我走出大門，看見弄口有日本憲兵們持槍在站崗。我心裏似被冰塊所凝結，但又不能退回去，只好偽裝鎮定的走了出去，他們並沒有注意。原來他們在南頭的一個弄堂裏搜查著，並不注意到我們這一弄。又有一夜，聽見街上有雜遝的沉重的皮鞋聲，夾雜著獸吼似的叫罵聲，仿佛是到了門口，但提神停息以聽時，他們又漸漸地走過了，方才放心下來。有時，似覺得有人在後面跟著，簡直不敢回過頭去。有時，在電車或公共汽車上，有人注意著時，我也會連忙地在一個不相干的站頭上跳了下去，我換了一身中裝，有時還穿著從來不穿的馬褂，眼鏡的黑邊也換了白邊。不敢在公共地方出現，也不敢參與任何的婚、喪、壽宴。

我這樣的小心的躲避著，四年來如一日，居然能夠躲避得過去，而且在躲避的時候，還印行了兩輯的中國版畫史圖錄，有一百二十本的應覽堂叢書，十二本的長樂鄭氏影印傳奇第一集和十二本的明季史料叢書，這不能不說是「天幸」！

雖然把舊藏的明刊本書，清刊的文集以及四部叢刊等書，賣的乾乾淨淨，然而所最喜愛的許多版畫書、詞曲、小說、書目，都還沒有賣了去，正想再要賣出一批版畫書而在戀戀不捨的時候，天亮的時間卻已經到了。如果再晚二三個月「天亮」的話，我的版畫書卻是非賣出不可的。

在這悠久的四個年頭裏，我也曾陸續的整理了不少的古書，寫了好些跋尾。我並沒有十分浪費這四年的蟄居的時間。

在這悠久的四個年頭裏，我見到，聽到多少可驚可愕可喜可怖的事。我所最覺得可驕傲者，便是到處都是溫熱的友情的款待，許多友人們，有的向來不曾見過面的，都是那麼熱忱的招呼著，愛護著，擔當著很大的關係；有的代為庋藏許多的圖書，佔據了那麼多可寶貴的房間，而且還擔當著那麼大的風險。

在這些友人們裏，我應該個個的感謝他們，永遠地不能忘記他們，特別是張乾若先生和夫人，王伯祥先生，張耀翔先生和夫人，王馨迪先生和夫人！有一個時候，那位醫生有了危險，不能不把藏在那裏的書全都搬到馨迪先生家裏去！張叔平先生，張蔥玉先生，章雪村先生等等，他們都是那麼懇摯地幫助著我，幾乎是帶著「俠義」之氣概。如果沒有他們的有力的幫助，我也許便已凍餒而死，我所要保全的許許多多的書也許便都要出危險，發生問題。

我也以這部「日錄」奉獻給他們，作為一個患難中的紀念。

我這部「日錄」，祗是從「日記」中摘錄出來的。無關於「求書」的事的，便不錄出。雖然祗是「書」的事，卻也有不少可驚可愕可喜可悲的若干故事在著。讀者們對於古書沒有什麼興趣的，也許對之也不會有什麼興趣。且我只寫著兩年間的「求書」的經過，——從二十九年正月初到三十年十二月初——有事便記，無事不錄。現在還不知道能寫到多少。說不定自己覺得不必再寫，或者讀者們覺得不必再看下去了時，我便停止了寫。

以上是序，下面是按日的日記體的紀錄。

中華民國二十九年

一月四日（星期四）

昨夜入睡太遲，晨起，甚疲。葉銘三來索款，以身無一文，囑其緩日來取。聞暖紅室劉公魯藏書，已售給孫伯淵。此人即前年賣出也是園元明雜劇者。本來經營字畫古董，氣魄頗大，故能獨力將公魯書收下。恐怕又要待價而沽了。擬托潘博山先生向其索目一閱。暖紅室以滙刻傳奇著於世，所藏當富於戲曲一類的書。惟自劉世珩去世後，藏書時有散出，我在十多年前便已收到好幾部曲子；像用黑綢面裝訂的明末刊本荷花蕩，就是其中之一。又有黃蕘圃舊藏之明初刊本琵琶記及荊釵記，為今日所知的傳奇的最古刊本，亦曾歸他所有。但琵琶已去，荊釵已壞，目中自決不會有的。公魯為人殊豪蕩，腦後髮辮垂垂，守父訓不剪去。時至上海宴游，偶作小文刊日報上。我和他曾有數面緣。他嘗有信向我索清人雜劇，作「國朝雜劇」，可知其沾染「遺少」氣味之深。「八・一三」後，敵軍進蘇州。他並未逃走。聞有一小隊敵兵，執著上了刺刀的槍，衝鋒似的，走進他家。他正在書房執卷吟哦，見敵兵利刃直向他面部刺來，連忙側轉頭去，腦後的辮子一搖晃，敵兵立即鞠躬退出。家裏也沒有什麼損失。然他經此一驚嚇，不久便過世了。他家境本不好，經此事變，他的家屬自不能不將藏書出售。但願能楚弓楚得，不至分散耳。

傍晚，蔚南來電話，說某方對他和我有不利意。我一笑置之。但過了一會，柏丞先生也以電話通知此事，囑防之。事情似乎相當的嚴重。即向張君查問，他也說有此事；列名黑單裏的凡十四名，皆文化教育界中人。（此十四人皆為文化界救亡協會之負責人）予勢不能不避其鋒。七時，赴某宅，即借宿一宵。予正輯版畫史，工作的進行，恐怕要受影響了。夜夢甚多。

一月五日（星期五）

西禾至某宅訪予。他知道了這事，連忙來慰看；談久之，方別去。至新民村訪予同，未遇，復至四合里，遇之。偕至錦江茶室喝茶。予云：我輩書生，手無縛雞之力，百無一用，但卻有一團浩然之氣在。橫逆之來，當知所以自處也。予同云：人生找結筆甚難。有好結筆倒也不壞。這是達觀之論。十一時許，至中國書店，遇平賈孫實君等數人，知彼輩寄平之書，未到者甚多。且於十二月間，曾在火車上焚失不少郵包。先民文獻，無端又遭此一劫，殊可悼傷！但此後彼輩輦書北去，當具若干戒心矣。向朱惠泉購得光緒二十八年成都木刻本四川明細地圖一巨幅，價八元，作入川之準備。赴傳薪書店，購得元刊吳師道校注本戰國策殘本一冊，羅漢文徵一冊，粵海小志一冊等，共價十一元。抱書回高宅，翻閱過午，竟未及午餐。書癖誠未易革除也。午睡甚酣，至三時才醒。寫版畫史「引用書目」，以參考材料不在手頭，未能完工；又謄清版畫史自序，未及一頁，即放下，亦以手頭無書之故。似此「躲避」生涯，如何能夠安坐寫作呢？可見在這樣日月失光，滄海橫流的時候，要想鎮靜寧心的從事於什麼「名山事業」，恐怕是不大可能的。夜九時睡。

一月六日（星期六）

晨七時起。謄寫版畫史自序，殊見喫力。因為太矜持，反而寫得慢，寫得不大流利痛快了。下午五時許，至文匯書店，得光緒二十一年至二十三年份京報十餘冊，係由新聞報館排印者，價二元。晚至航運俱樂部晚餐。連日天氣很暖和，很像暮春三月，但今天日落後，漸漸的冷起來。睡在床上，獨自默唸著：家藏中西圖書，約值四五萬元，家人衣食，數年內可以無憂。橫逆之來，心君泰然。惟版畫史的工作，比較重要，如不能完成，未免可惜，且也不會再有什麼人在這幾年內去從事的，自當拋卻百事，專力完成之。因此，便也不能不格外的小心躲避。然果無可避，則亦只好聽之而已。身處危鄉，手無寸鐵，所恃以為寶者，唯有一腔正氣耳。

一月七日（星期日）

晨起寫版畫史自序三頁，仍極慢，至午後，方才寫畢。即至伯祥處，托他將自序校閱一遍。傍晚，赴東華處。落日如紅球，金光四射，滿天彩霞燦爛。迎之而西行，眼看其落下地平線去，而天色則漸漸由紅而紫而灰。天氣有點冷颼颼的。覺得神清氣爽。八時歸，整理太平山水圖畫及黃氏所刊版畫集上二冊，所缺仍多，非趕印不可。

一月八日（星期一）

晨起，回「廟弄」一行。幾天不曾回去，彷彿隔了幾年，情緒有點緊張，也有點異樣。一推開門，家中人聲嘈雜，正在紛紛議論。一見我回來，爭來訴說，方有巡捕十許人，押一青年人至宅，說曾住此處。其實，並不認識其人。紛擾數刻，剛剛離去。予忽忽取了應用之物若干，即出。有滿地荊棘之感。「等是有家歸未得」，彷彿為予詠也。下午，至傳薪書店，得皇朝禮器圖式殘本三冊，圖極精細。聞有九冊，前為平賈王渤馥得去。如能合璧，大是快事。若英見予劫中得書記，贈予明刊鍾伯敬、王思任集數種。翻閱數過，百感交集！夜，仍住某宅。

一月九日（星期二）

晨起，陰雲密布，西北風大作，冷甚。赴校辦公，無異狀。作致菊生、詠霓二先生函。午後，楊金華帶了版畫史的錦函來，函尚潮濕，即將書簽貼好，尚為古雅可觀。訪家璧，見他正在校對我所寫談版畫之發展一文。箴有電話來，說，外間情形很緊張，以少出門為宜。在這個「危境」中，寫些研究性質的東西都不可能了麼？真不知人間何世！原來便不該做些「不急」「無補」之務的！憤懣之至！十時半睡。

一月十日（星期三）

晨起，整理版畫史圖錄第一輯各冊頁子，仍缺少十餘頁，應催其早日印齊。今日之事，一天是一個局面，是一個結束，能夠有一天，便可多作一天的工作，也便是一個意外的收穫。誰知道明天是什麼情形呢？每天早晨看見窗外的太陽光的時候，總要鬆了一口氣，輕喟的自語道：這一天又可以算是我的了！為了要爭取時間，便不能不急急忙忙的在工作著。九時，赴校上課。是這學期的末一課了，當敦勉各生安貧勵志，保持身心的清白，為將來國家建設工作的柱石。國家所以不動員青年學生入伍，就要為將來的建設工作打下基礎的。他們似均頗有感動。午後，至上海書林購王綬珊所藏方誌目鈔本二冊，價六元。傍晚，過中國書店，遇平賈孫殿起。孫即編販書偶記者，為書友中之翹楚。彼專搜清人詩文集及單行著作之冷僻者，頗有眼光，見聞亦廣。談甚暢。七時許，在暮色蒼茫中，抱所得書及印樣一包歸。十一時，睡。

一月十一日（星期四）

晨七時起，甚覺疲倦，疑有些傷風。十時許，赴中國書店，又赴萬有書店，晤姜鼎銘，得嘉靖本東坡七集，明刊本昌黎集及明仿宋刊本黃帝內經素問，價三百五十元。此類明刊白綿紙書，予以其價昂，而上不及宋元本之精美，下不如清代版之適用，故不甚羅致之。然刻工之精者，往往能魚目混珠，被書賈們染紙加蛀，冒作宋元刊本。且未經刪改，尚存古本面目，藏書家固應收之。予力薄，僅能偶得一二種耳。吳瞿安先生銳志欲收此類嘉靖刊本書百種，嘗顏其所居曰「百嘉室」。恐終未能償其願也。鎮日心悶意亂，似覺傷風甚劇。八時即睡。

一月十二日（星期五）

連日天陰，欲雨不雨，正如予心境之灰鬱。上午，整理版畫史圖錄。下午，訪家璧。自覺體力不支，頭涔涔欲暈，勉強歸所寓。即解衣睡倒，晚飯也不能喫。熱度高至三十八度許。疑是傷寒，故以不喫為上策，喫了兩顆阿司匹靈，中夜出了一身大汗。但熱度仍不退。雙眼耿耿待旦，殊無聊。倚枕讀東坡詩。

一月十三日（星期六）

仍陰雲滿天，昨夜艱於入眠，偶一闔眼，即又醒來。天尚未明，微見朦朧之晨影。一燈熒熒，臥聽遠雞相繼而鳴。心頭感觸萬端，覺得時間過得格外的慢，聽得出床頭小鐘，一秒一分的在慢吞吞的走著。讀東坡詩。不知不覺間，放手釋卷，復又熟睡。八時起，熱度仍在三十八度。請了鄭寶湜醫生來診。他也疑是傷寒。喫了蓖麻油，洗清腸胃。終日不想喫什麼，亦不覺饑。下午，服藥兩次。熱度反而高到三十九度。柏丞先生來一信，說蔣復璁先生從渝來，有事亟待面洽。勉強打一電話給他，說明病情，請他先與張鳳舉先生談洽。終日倚枕讀東坡集，頗有所得。時睡時醒，竟不知是晝是夜。

一月十四日（星期日）

微有日影。熱度已退，覺精神清爽，惟四肢無力耳。僅發熱兩天，不知如何，竟會這樣的疲弱！鄭醫生云：心臟甚弱，肺部亦不甚強。向來好勝，今後當靜養少動了。上午，十一時許，柏丞先生來。說起蔣復璁來此，係為了我們上次去電，建議搶救，保存民族文獻事；教部已有決心，想即在滬收購，以圖挽救。擬推舉菊生先生主持其事。惟他力辭不就，已轉推張詠霓先生。此事必當進行，惟亦須萬分機密，且必須萬分謹慎，免得將來有人說話。我不想實際參與其事，但可竭力相助。當與柏丞先生約定，在後天中午，與蔣、張諸位在菊生先生宅商談此事。終日以牛奶、豆漿代飯，甚覺乏力。

一月十五日（星期一）

晨，天陰，下午，微雨。三時許即醒來，不久，又迷迷糊糊地睡著了。五時半，又醒來。天色尚未發白。倚枕聽雞聲陸續而作，又聞窗外鳥聲漸漸的喧鬧起來。熱度已退淨，惟全身仍覺軟弱無力。十餘年來，未有大病過，以此次臥床兩日，最為嚴重。早喫西米粥，中午，喫掛麵及鯽魚湯，漸覺體暖有力。然上下樓梯，足尚顫戰，不大得勁。午時，柏丞先生來電話，說復璁先生正在菊生先生處勸駕，未知有效否。要我下午也去一趟。午餐後，至潘博山先生處。談起暖紅室劉氏藏書事，說，中有元刻元印本玉海（劉世珩得此書，名其居為玉海堂），又有劇曲不少。惟書賈居奇，恐不易成交。但他必力促其成。又談起群碧樓鄧氏書，亦欲出售，中多精鈔名校本。他想，將為此事赴蘇一行。他說，意在不任中國古籍流失國外耳。保存文獻，人同此心。博山為我輩中人，故尤具熱忱。至良友，晤家璧，與他約定，每四個月，可出版畫史四冊。想來不會失約的。但須看第一輯銷路如何而定繼續與否。予向來有一自信：但肯做事，不怕失敗。且往往是不會失敗的。予計劃頗多，每甚弘巨，且憐於不自量力。然竟每每成功者，以具有此種勇猛直前，魯莽不顧之毅力也。予已過中年，然此毅力至今猶旺。不似其他中年人之兢兢於小利害，亦不似老年人之徘徊卻顧，遇事不敢下手。以此，往往弄得生計窘迫，室人交謫。然天生好事，終未能改變也。四時許，至柏丞先生處，談了一會。又至菊生先生處，以病辭，未見。頗為不快。至鳳舉先生處，相見甚歡。將此事經過，詳細的告訴了他，他也十分的高興。我們只負發動，鼓吹之責，成功則不必自我。當初一念發動，茫無把握，或已覺無望，乃至絕望，但卻會意外的在灰心失望之後得到了成功。「自古成功在嘗試」，此語誠不誣也。六時，歸，仍喫掛麵。八時許，即睡。

一月十六日（星期二）

陰雨終日。身體已復元，精神亦佳。四時許，醒。很早的便起身梳洗。八時許，到校辦公，清理積牘。晤柏丞先生，談及購書事，已決定由菊生、詠霓、柏丞、鳳舉四位及我負責。下午，回家一行。撿出幾部需用之書攜帶在身邊至中國書店，晤姚石子先生，談甚暢。傍晚，至萬宜坊，訪蔣復璁先生。我們第一次見面，但暢所欲言，有如老友。他說起，這次戰事中中央圖書館的損失；說起內地購書的困難，說起將來恢復的計劃；說起內地諸人要他來此一行的原因，然後談到我們的去電事。予則談起江南各藏書家損失的情形，談起平賈們南來搶購圖書的情形；談起玉海堂劉氏，積學齋徐氏藏書散失的經過。然後說到我們發電的原因和我們的購書計劃。最後，說到我個人在劫中所得的東西，說到某某書，某某書失去了的可惜。我們談到九時許，竟忘記了喫飯。出門，細雨霏霏。至大三元晚餐，用二元。回家，已近十一時，親戚們很恐慌，不知予何在，恐怕會有什麼事故。心頭覺得慘愴而溫暖。即睡。

一月十七日（星期三）

昨睡甚遲，意今晨必可晏起，但不到四時，又已醒來。眼睜睜的看電燈，看天花板，看黑漆漆的窗戶，思潮起落不定。六時，穿衣起床。天色方見灰白。倚窗，見屋瓦皆潤濕，知雨絲又在飛灑矣。九時，赴圖書館辦公。翻閱幾種書目。午餐後，回家一行，看望貝貝的病。他熱度不高，惟大便未通，愛睡愛哭。在三樓，整理小說書及半。鼠糞甚多，灰塵不少。雙手墨黑，屢洗屢黑。不知何故，老鼠總喜歡在書堆裏做窩逞其破壞的慣技，恨不一一撲殺之。四時許，至中國書店，知有一批書要售出，群碧樓書亦要在年底以前出脫。當囑以款可設法，惟不能售給平賈或分散零售。八時許歸。博山有電話來，說玉海堂劉氏書，可以談判成功，目錄可於星期日上午送來，聞之，甚為興奮。晚餐，仍進掛麵。

一月十八日（星期四）

陰雨終日。今晨又是睜了眼看天亮。此實生平所未有之經驗。六時，起身。作一函，致菊生先生。清理太平山水圖畫二份，擬贈給慰堂先生。九時，赴校辦公。陳某來談，態度頗可疑，或有刺探之意。說起前日所傳綁架事，謂出蔚南誤會；又說不過是神經戰的一種。我不欲聽他的話。但亦須十分戒備。「我有筆如刀」，書生的筆的誅伐的力量，也許還在戈矛之上。惟為了工作的關係，尚不能不隱忍自重，不欲多言招患。午餐後，回家整理小說書。大致已完畢，共凡九箱，普通本子的小說已經應有盡有，惟「善本」尚不甚多耳。中國小說如此之貧乏可憐，實在令人駭異。歷史不為不久，作家不為不多；然而數量卻是那麼少。曹雪芹只寫了一部紅樓夢，吳敬梓也只寫了一部儒林外史。為什麼他們不能多寫些呢？為什麼中國小說家沒有像狄更司、托爾斯泰諸人的魄力呢？四時後，過中國書店。石麒云：來青閣收到碧山樂府一部，後附曲三種。立至來青閣取閱，乃是崇禎本之至後印者；所附者為南曲次韻游春記及中山狼。予原藏有兩部，即棄之不顧。至傳薪書店，得清詞數種。八時歸。十時睡。

一月十九日（星期五）

小雨連朝不止，有暮春落花時節的樣子。未明即起。九時許，赴校。至張詠霓先生處，商談購書事。他提出兩點意見：（一）對外宜慎密；以暨大、光華及涵芬樓名義購書。（二）款宜存中央銀行。他因小病，未能赴菊生先生宅，故托我代達其意。正午，與柏丞先生同赴張宅。慰堂、鳳舉二位亦到。談甚久。原則上以收購「藏書家」之書為主。未出者，擬勸其不售出。不能不出售者，則擬收購之，決不聽任其分散零售或流落國外。玉海堂、羣碧樓二家，當先行收下。我極力主張，在陰曆年內必須有一筆款滙到，否則劉、鄧二家書將不能得到。又主張，購書決不能拘於一格，決不能僅以羅致大藏書家之所藏為限。以市上零星所見之書，也盡有孤本、善本，非保存不可者在。不能顧此失彼。必須仿黃蕘圃諸藏家的辦法，多端收書。但他們的意見，總以注意大批的收藏為主。最後，一致同意，自今以後，江南文獻，決不聽任其流落他去。有好書，有值得保存之書，我們必為國家保留之。此願蓄之已久，今日乃得實現，殊慰！鳳舉與予，負責採訪；菊生負責鑒定宋元善本，柏丞、詠霓則負責保管經費。予生性好事，恐怕事實上非多負些責不可。三時許散。至中國書店，又得皇朝禮器圖式四冊，裝潢與前在傳薪所得者相類，仍是從一部中拆散出售者。葉銘三以鈔本唐宋詞六本見售，價四十元。向校借一百元，以須付富晉書款也。歸來甚倦，晚餐後即睡。

一月二十日（星期六）

夜眠甚酣，六時方醒。窗外雪片飄舞。今年第一次見雪，天氣要逐漸寒冷了。十時，至來青閣，購四庫標注一部，價三十元，即著人送到慰堂處。下午，至中國書店，與石麒談購書事，費庚生送來裝訂好之玉夏齋十種曲，甚精雅。此書在平購得，久受「風傷」，觸手即破，今則可翻讀矣。每本裝訂費二元，似甚昂。四時，赴良友晤家璧，商版畫史事。他覺得第二輯能否繼續出版，尚未甚把握。五時歸。六時半，赴胡詠騏宅晚餐。吳耀宗談到內地旅行的經過，覺得前途有無限的光明，許多地方可指摘，但大體上還不錯。我們對於現狀，應該以望遠鏡看，不應該用顯微鏡看。樂觀的成份究竟居多，很覺得興奮。九時半歸。雪尚未止。十時半睡。

一月二十一日（星期日）

雪止，微雨。天氣又轉暖。七時許起。博山來談，約定下午至孫伯淵處看玉海堂書。二時許，偕博山同赴孫處。先看目錄，不過十多部書，佳品不少。按目看書，一部部的翻閱一過。玉海二百冊，確是元刻元印本。與後來所謂「三朝本」，補刻極多，字跡模糊不清者截然不同。其他元刻本數種亦佳。戲曲書凡二十餘部，以明刻本董西廂，張深之本西廂記，及有附圖的原刻本畫中人為最好，餘皆下駟耳。劉氏嘗刻暖紅室滙刊傳奇，意其收藏善本戲曲必多而精，實則，浪得虛名也。伯淵索價二萬五千金。當答以考慮後再商談。歸時，已萬家燈火矣。

一月二十二日（星期一）

晨起，即致函菊生、詠霓二位，詳述玉海堂所藏的內容。因購書款須俟慰堂歸渝後方能滙來，現在尚不能與書賈有何具體的商談與決定，祇能力阻其不散售，留以待我們全數收購耳。九時，赴校，與柏丞先生談此事。他的意思，最好由菊生先生再去看一遍，作最後之決定。下午，赴中國書店一行，無所得。九時睡。

一月二十三日（星期二）

晨起，見薄霧濛濛，萬家瓦上皆霜，胸襟寥闊淒清。讀蘇詩自遣。九時，赴校授課。飯後，至中國書店一行。無意中得林下詞選二本，為之大喜。我收詞集不少，未見此書。今得之，於「詞山」中又增一珍石了。林下詞選為吳江周銘編集，凡十四卷，刊於康熙辛亥，首有尤侗序。所選皆閨秀詞，自宋至清初，搜輯甚備。葉仲韶有填詞集豔，沈慕燝有初蓉集，皆未刊，銘得之，遂增益之，以成此選，其間明清二代詞，頗多失傳之作。四時，歸，燈下，閱詞選，頗高興。

一月二十四日（星期三）

晨，赴校。飯後，至孫伯淵處，再細閱玉海堂書。菊生先生亦來。他見多識廣，普通書甚難入眼。這批書似無甚足以使他留連驚喜者。玉海雖初印，然外間尚不難得。我自己則獨戀戀於董西廂及張深之本西廂記。我自己搜集西廂異本已十年，所得不過二十種，明刊董西廂，迄未得一本，而張深之本西廂，圖出陳老蓮手，精彩奪人；曾於北平一見，遍訪未能獲之。今睹此本，數數翻閱，未肯釋手。如得之，必當將圖收入版畫史圖錄中。武進董氏嘗印「千秋絕艷圖」，中亦收入張本插圖，然刷印不佳，且有半頁係補繪的，神采已失，故有重印必要。歸時，已萬家燈火矣。

一月二十五日（星期四）

與詠霓、柏丞先生商購玉海堂書事，決定不任流散。書價則托博山與孫伯淵磋談。

博山說，伯淵已允減讓，但必須於廢曆年內解決。我們不能肯定的答覆，怕那時候渝款未必能到。但又不能不姑允之，以免他人下手。下午，赴中國書店等處，見平賈輩來者不少，殆皆以此間為「淘金窟」也。今後「好書」當不致再落入他們手中。

一月二十六日（星期五）

晨起，精神不振，恐怕又要傷風了。連忙喝熱茶數盅。下午，至中國書店，無一書可取。又至他肆，也沒有什麼新到的東西。在來青閣偶見明黃嘉惠刊本山谷題跋四卷，姑購得之。我對於宋人題跋，很喜觀看。汲古閣本津逮秘書裏收得不少。但單行明刊本卻不多見。這些題跋，在小品裏是上乘之作，其高者常有「魏晉風度」，著墨不多，而意趣自遠。燈下，讀山谷題跋，不覺盡之。

一月二十七日（星期六）

博山來電話，云：玉海堂書，伯淵已允減讓到兩萬元。與張、何二位相商，仍覺得太昂。下午，至來青閣，聞平賈某曾購得愛日精廬舊藏書數種，為之詫然，即追蹤覓之，已不可得。僅知其中有紅格鈔本慶元條法事例。絕佳。某賈必欲輦之北去，售給董康。跡其來源，知係得之老書賈汪某。汪與我交易有年，絕無好書。前偶得雜劇新編一部，為之驚喜欲絕。但祇是「曇花一現」耳。今聞其數數至虞山，得書不少。皆售之平賈，堅不肯說出為何家之物。此人連年潦倒，能稍得潤餘，聊慰晚景，我也要為之高興的。即訪之，堅囑其有好書必要為我留下，價可不論。

一月二十八日（星期日）

連日無甚動靜，恐怕只不過是謠言。住在外面，種種不方便。晨起，即回家。想把書籍整理一過。但堆積太多，無可下手處。我向來買書，不加編目，也無排列次序，除了小說，戲曲及詞，均分開來入藏外，別的書都是亂堆亂放的，故找起來很不容易。要決心編目，已不止三四次，但總是中途而廢。今天起，想要徹底的清點一下。不知有此恒心否。整理了半天，倦甚。夜，住在家中。中夜，還有些不安之感。

一月二十九日（星期一）

博山來電話云：孫伯淵催解決玉海堂事。當答以書價如能再減讓若干，即可成交。九時，至校。即與柏丞先生詳商。以待渝款寄來，恐必不及，擬先付給定洋若干。歸飯時，即致函詠霓先生，說到我們的意見。他也表示同意。無論如何，這一批書必須由我們截留下來。下午，博山來談，說，伯淵已肯減讓到一萬七千金，不能再少，且須早日解決。否則，他因年內需款，有意他售，我說，三天以內，一定有確定的回答給他。博山走後，我躊躇了好久；三天後果有辦法麼？款果有著落麼？玉海堂書固未必為上乘之收藏，但棄之也十分可惜。但我相信：到了那個時候一定會有辦法的。

一月三十日（星期二）

晨起，即致函詠霓先生，述昨日交涉經過。九時，赴校又與柏丞先生談起這事。他們都主張，書價一萬七千金可以同意；此時祇能先付定洋若干。餘款須俟渝款到時再付。當即致電慰堂催款。下午，至中國書店，得遵生八箋一部。此書，我少的時候很喜歡它；雖然包含明人的淺薄的「養生」知識不少，但其中也有很有用的材料。關於鑒別古書的一部分，很有見識。燈下翻閱，如見故人。童年好弄，嘗信其言，欲植小荷花於碗中，終於無成。然在北平，實親見小杯中，所植之紅白荷花，蓮葉，花藕，無不具體而微，則其所說固非無稽也。

一月三十一日（星期三）

未明即起，四無人聲。梳洗後，閱王徵譯的遠西奇器圖說錄最。此書刊本甚多，以崇禎間武位中刊本為最可靠，圖式皆準確無錯。後來新安書坊所刊者，已大為改動，謬訛百出，像齒輪之類，刻工每圖省事，往往刻作圓形，與原意已大為不同。如果按圖制器，必當終歲無成。所謂差之毫釐，失之千里，此等事可作為一例。圖書集成曾收入此書，亦係用新安本，故圖式亦均大錯。可見此書出後，一時頗為流行，而好事之徒，按圖作器者，則恐鮮其人，故能任其謬種流傳也。否則，一經試作，紕謬立見，必不至將「偽圖」輾轉翻刻也。此本亦是新安刊本之一，題新安後學汪應魁校訂，刻工為黃惟敬，圖中符記，尚用ＡＥ，未改甲乙，但圖式亦均失原形。武位中本並不難得，不知圖書集成編者何故收新安本而不收正確之武本？王徵序云：「奇器圖說，乃遠西諸儒攜來彼中圖書，此其七千餘部中之一支。」在明末時代，西學本來可以大盛，所譯各書亦多可觀者。惜未能大量譯出。且不久便遇「國變」，科學之萌芽遂遭摧殘以盡，遷至二百餘年後，方再有「西學為用」的口號提出，百事遂都落人後了。閱此，感觸萬端。下午，至中國書店，無所得。

二月一日（星期四）

晨起，赴校。博山來電話，催問玉海堂書事。當與柏丞先生商定，先借數千金為定洋，餘款允於舊曆年內付清。下午，至中國書店，得寶古堂重修宣和博古圖錄卷第二十三，卷第二十四殘本兩冊，極為得意。此是明刊白綿紙初印本，已均挖去「寶古堂」三字，且都是竹紙本，神采還不及此本。明刊書籍，其版片往往輾轉販賣，得之者每挖去原刊者姓氏及齋名，即作為自刻之書。論述版本者常易弄錯。像博古圖錄和所謂仇繪列女傳便是轉手最多的。其實，及本祇是一個，後印者所加種種堂名齋名，皆是幻化之物。根本上，原書版片並不曾改動過。列女傳版片，至清代猶存，嘗為知不足齋所得，重印若干部，故今往往誤為知不足齋本，實則仍是明刊原本也。我歷年得到博古圖錄好幾部，今始發現其祖源，其喜悅可知！列女傳我亦收到了三本，一是後印之「知不足齋本」，二是明刊竹紙本，三是明刊白綿初印本。後二者雖均是殘本，然可考見其授受之跡，故甚珍之。由平南歸後，一本為孝慈假去不歸，一本亦遍尋不得，至今惘悵不已！

二月二日（星期五）

晨九時，赴校。下午，至中國書店，又至三馬路各古書肆，無所得。知平賈輩南來者不少，有所企圖，目的在蘇州羣碧樓鄧氏書。鄧氏書曾刊有書目二種，羣碧目中所有者已掃數售於中央研究院，其寒瘦山房鬻餘書目中物，則方在「待價而沽」之中。此目所載，宋元本不足道。明本頗多，而佳妙者亦少，其精華所在為若干精鈔名校本。有全唐詩集一部，為季滄葦稿本，全唐詩全竊之，卻不說明來歷。如能得此，可證斷三百年前的一重公案。惟恐所求太奢，不易應付耳。然必當設法得之，不任其零星售出，散失四方。

二月三日（星期六）

晨起，博山來電話，說，孫賈催促甚急，以早日決定為宜。當答以三日後必可有確定之辦法，即致函詠霓先生，並到校與柏丞先生商談。決定先付給定洋三千金，餘款一萬四千金，於半個月內付清取書。下午至博山處，將此辦法告訴他。他覺得孫賈當可同意。至中國、來青等肆，得殘本六十一家詞六冊，係愚園圖書館散出者，初印甚精。我從前所用六十一家詞是博古齋石印小本，取其廉，便，頗想得原本一讀。此雖殘帙，亦足快意。淮海、小山二家，均為予所深喜，亦均在其中。燈下，披卷快讀，渾忘門外是何世界。

二月四日（星期日）

晨，有書賈某來談，謂群碧樓書求售甚急，平賈輩亦志在必得，有集資合購說。孫伯淵亦為此事赴蘇州。此事殊感棘手。這批書一旦落於書賈之手，必將抬價甚高，我輩或不易有此力量購得之。惟其中鈔本，校本，佳者極多；如失了去，大是可惜，故仍須用全力設法購致。下午，至三馬路各書肆，無所得。

原載一九四五年上海《大公報》

劫中得書記序

鳳凰從灰燼裏新生

金赤的羽毛更光彩燦爛

——見*The Physiologus*，及Herodotus（ii. 73），Pliny（*Nat hist.* x. 2）Tacitus（*Ann.* vi. 28）

余聚書二十餘載，所得近萬種。搜訪所至，近自滬濱，遠逮巴黎、倫敦、愛丁堡。凡一書出，為余所欲得者，苟力所能及，無不竭力以赴之，必得乃已。典衣節食不顧也。故常囊無一文，而積書盈室充棟。每思編目備檢。牽於他故，屢作屢輟。然一書之得，其中甘苦，如魚飲水，冷暖自知。輒識諸書衣，或錄載簿冊，其體例略類黃蕘圃藏書題跋。大抵余之收書，不尚古本、善本，唯以應用與稀見為主。孤罕之本，雖零縑斷簡亦收之。通行刊本，反多不取。於諸藏家不甚經意之劇曲、小說、與夫寶卷、彈詞，則余所得獨多。詩詞、版畫之書，印度、波斯古典文學之譯作，亦多入庋架。自審力薄，未敢旁騖。「一·二八」淞滬之役，失書數十箱，皆近人著作。「八·一三」大戰爆發，則儲於東區之書，胥付一炬。所藏去其半。於時，日聽隆隆炮聲，地震山崩，心肺為裂。機槍拍拍，若燃爆竹萬萬串於空瓮中，無瞬息停。午夜佇立小庭，輒睹光鞭掠空而過，炸裂聲隨即轟發，震耳為聾。晝時，天空營營若巨蠅者，盤旋頂上，此去彼來。每一彈下擲，窗戶盡簌簌搖撼，移時方已。對語聲為所喑，啞不相聞。東北角終日夜火光熊熊。燼餘燋紙，遍天空飛舞若墨蝶。數十百片隨風墮庭前，拾之，猶微溫，隱隱有字跡。此皆先民之文獻也。余所藏竟亦同此蝶化矣。然處此淒厲之修羅場，直不知人間何世，亦未省何時更將有何變故突生。於所失，殆淡然置之。惟日抱殘餘書，祈其不復更罹劫運耳。收書之興，為之頓減。實亦無心及此也。而諸肆亦皆作結束計，無書應市。通衢之間，殘書布地，不擇價而售。亦有以雙籃盛書，肩挑而趨，沿街叫賣者。間或顧視，輒置之，無得之之意。經眼失收者多矣。書籍存亡，同於雲煙聚散。唯祝其能楚弓楚得耳。戰事西移，日月失光，公私藏本被劫者漸出於市。謝光甫氏搜求最力，所得獨多。余迫處窮鄉，棲身之地，日縮日小；置書之室，由四而三而二；梯旁榻前，皆積書堆。而檢點殘藏，亦有不翼而飛者，竟不知何時失去。然私念大劫之後，文獻凌替，我輩苟不留意訪求，將必有越俎代謀者。史在他邦，文歸海外，奇恥大辱，百世莫滌。因復稍稍過市。果得丁氏所藏脉望館鈔校本古今雜劇六十四冊，歸之國庫。復於來青閣得丁氏手鈔零稿數冊。友人陳乃乾先生先後持明刊女範編、盛明雜劇及孫月峰硃訂西廂記來。余竭阮囊，僅得女範編與西廂記。而於盛明雜劇雖酷愛之，卻不果留矣。乃乾云：有李開先刊元人雜劇四種，售者索金六百。余力有未逮，竟聽其他售。至今憾惜未已。中國書店收得明刊方冊大字本西廂記，附圖絕精，亦歸謝氏。但於戊寅夏秋之交，余實亦得雋品不尠。萬曆版藍橋玉杵記，李玄玉撰眉山秀、清忠譜，程穆衡水滸傳注略，螺冠子詠物選，馮夢龍山歌，蕭尺木離騷圖以及宣和譜，芙蓉影，樂府名詞等，皆小品中之最精者，綜計不下三十種。於奇窮極窘中有此收穫，亦殊自喜。然其間艱苦，絕非紈袴子弟，達官富賈輩，斤斤於全書完闕，及版本整潔與否者，所能夢見。及今追維，如嚼橄欖，猶有餘味。每於靜夜展書快讀，每書幾若皆能自訴其被收得之故事者，蓋足償苦辛有餘焉。今歲合肥李氏書，沈氏粹芬閣書散出。余限於力，僅得元人詩集（潘是仁刊本），古詩類苑，經濟類編，午夢堂集，農政全書與萬曆版皇明英烈傳等二十餘種。初，有明會通館活字本諸臣奏議者，由傳薪書店售予平賈，得九百金。而平賈載之北去，得利幾三數倍。以是南來者益眾，日搜括市上。遇好書，必攫以去。諸肆宿藏，為之一空。滬濱好書而有力者，若潘明訓，謝光甫諸氏皆於今歲相繼下世。余好書者也，而無力。有力者皆不知好書。以是精刊善本日以北。輾轉流海外。誠今古圖書一大厄也。每一念及，寸心如焚。禍等秦火，慘過淪散。安得好事且有力者出而挽救劫運於萬一乎？昔黃黎洲保護藏書於兵火之中，道雖窮而書則富。葉林宗遇亂，藏書盡失。後居虞山，益購書，倍多於前。今時非彼時，而將來建國之業必倍需文獻之供應。故余不自量，遇書必救，大類愚公移山，且將舉鼎絕臏。而夏秋之際，處境日艱。同於屈子孤吟，眾醉獨醒。且類曾參殺人，三人成虎。憂讒畏譏，不可終日。心煩意亂，孤憤莫訴。計惟潔身而退，咬菜根，讀離騷耳。乃發願欲斥售藏書之一部，供薪火之資。而先所質於某氏許之精刊善本百二十餘種，復催贖甚力。計子母須三千餘金。不欲失之，而實一貧如洗。徬徨失措，躊躇無策。秋末，乃以明清刊雜劇傳奇七十種，明人集等十餘種歸之國家，得七千金。曲藏為之半空。書去之日，心意惘惘。大似某氏之別宋版漢書，李後主之揮淚對宮娥也。然歸之公藏，相見有日，且均允錄副，是失而未失也。為之稍慰戚戚，立持金取得質書。自晨至午，碌碌不已。然樂之不疲。若睹闊別之契友，秋窗翦燭，語娓娓不休。摩挲數日夜，喜而忘憂。而囊有餘金，結習難忘，復動收書之興。茲所收者乃著眼於民族文獻。有見必收，收得必隨作題記。至冬初，所得凡八九百種。而餘金亦盡。不遑顧及今後之生計何若也。但恨金少，未能盡救諸淪落之圖籍耳。每念此間非藏書福地。故前後所得，皆寄庋某地某君所。隨得隨寄，未知何日再得展讀。因整理諸書題記，滙為數冊，時一省覽，姑慰相思。夫保存國家文獻，民族文化，其苦辛固未足埒攻堅陷陣，捨生衛國之男兒，然以余之孤軍與諸賈競，得此千百種書，誠亦艱苦備嘗矣。惟得之維艱，乃好之益切。雖所耗時力，不可以數字計，然實為民族效微勞，則亦無悔！是為序。

新序

劫中得書記和劫中得書續記曾先後刊於開明書店的文學集林裏。友人們多有希望得到單行本的。開明書店確曾排印成書，但不知何故，並沒有出版。這次，到了上海，在舊寓的亂書堆裏，見到這部書的紙型，也已經忘記了他們在什麼時候將這副紙型送來的。殆因劫中有所諱，不能印出，遂將此紙型送到我家保存之耳。偶和劉哲民先生談及。他說，何不在現在將它出版呢？遂將這副紙型托他送給上海古典文學出版社，看看可否印行。在我回到北京後不久，他們就來信說，想出版這部書，並將校樣寄來。我仔細地把這個校樣翻讀了幾遍，並校改了少數的「句子」和錯字。像翻開了一本古老的照相簿子，惹起了不少酸辛的和歡愉的回憶。我曾經想刻兩塊圖章，一塊是「狂臚文獻耗中年」，一塊是「不薄今人愛古人」。雖然不曾刻成，實際上，我的確是，對於古人、今人的著作，凡稍有可取、或可用的，都是「兼收博愛」的。而在我的中年時代，對於文獻的確是十分熱中於搜羅、保護的。有時，常常做些「舉鼎絕臏」的事。雖力所不及，也奮起為之。究竟存十一於千百，未必全無補也。我不是一個藏書家。我從來沒有想到為藏書而藏書。我之所以收藏一些古書，完全是為了自己的研究方便和手頭應用所需的。有時，連類而及，未免旁騖；也有時，興之所及，便熱中於某一類的書的搜集。總之，是為了自己當時的和將來的研究工作和研究計劃所需的。因之，常常有「人棄我取」之舉。在三十多年前，除了少數人之外，誰還注意到小說、戲曲的書呢？這一類「不登大雅之堂」的古書，在圖書館裏是不大有的。我不得不自己去搜訪。至於彈詞、寶卷、大鼓詞和明清版的插圖書之類，則更是曲「低」和寡，非自己買便不能從任何地方借到的了。常常捨去大經大史和別處容易借到的書而搜訪於冷攤古肆，以求得一本兩本自己所需要的東西。常有藏書家們所必取的，我則望望然去而之他。像某年在上海中國書店，見到有一部明代藍印本的清明集和一部清代梁廷楠的小四夢同時放在桌上，其價相同。清明集是古代的一部重要的有關法律的書，「四庫」存目，外間流傳極少，但我則毅然捨去之，而取了小四夢。以小四夢是我研究戲劇史所必需的資料，而清明集則非我的研究範圍所及也。像這樣捨熊掌而取魚的例子還有不少。常與亡友馬隅卿先生相見，他是在北方搜集小說、戲曲和彈詞、鼓詞等書的，取書共賞，相視而笑，莫逆於心，頗有「空谷足音」之感。其後，注意這類書者漸多，繼且成為「時尚」，我便很少花時間再去搜集它們了。但也間有所得。坊友們往往留以待我，其情可感。遂也不時購獲若干。誰都明白：文獻圖書是進行科學研究的必需的工具之一。過去，圖書文獻散在私家，奇書異本，每每視為珍秘，不輕眎人。訪書之舉，便成為學士大夫們的經常工作。王漁洋常到慈仁寺諸書店，盛伯希、傅沅叔諸君，幾無日不坐在琉璃廠古書肆裏。今非昔比，大大小小的公共圖書館，研究機關、學校、專業部門的圖書館，訪書之勤，不下於從前的學者們。非自己購書不可的艱辛的日子，已經一去不復返了。今天從事於科學研究者們是完全可以依靠於各式各樣於圖書館而進行工作的了。訪書之舉，便將從此不再是專家們所應該做的工夫之一了麼？不，我以為不然！我有一個壞癖氣，用圖書館的書，總覺得不大痛快，一來不能圈圈點點，塗塗抹抹，或者折角劃線做記號；二來不能及時使用，「急驚風遇到慢郎中」，碰巧那部書由別人借走了，就只好等待著，還有其他等等原因。寧可自己去買。不知別的人有沒有和我有這個同樣的癖習？我還以為，專家們除了手頭必備的專門、專業的大量的參考書籍之外，如有購書的癖好，卻也是一個很好的癖好。有的人玩郵票，有的人收碎磁片，有的人愛打球，有的人好聽戲，好拉拉小提琴或者胡琴。有的人就不該逛逛書攤麼？夕陽將下，微飇吹衣，訪得久覓方得之書，挾之而歸，是人生一樂也！我知道，有這樣癖好的人很不少。我這部得書記的出版，對於有訪書的癖好的人，可能會有些「會心」之處。得書記所記的祇是一時的，一地的且是一己的事。天下大矣，即就一時一地而論，所見的書，何止這些。祇能說是，因小見大，可窺一斑而已。在兩篇得書記之外，這次又新增入了附錄三篇。跋脉望館鈔校本古今雜劇一文，在得書記之前寫成，且也在文學集林上發表過。因為此文比較長，且非自己所購致的，故便不列入得書記裏。其實，我在劫中所見、所得書，實實在在應該以這部古今雜劇為最重要，且也是我得書的最高峰。想想看，一時而得到了二百多種從未見到過的元明二代的雜劇，這不該說是一種「發見」麼？肯定地，是極重要的一個「發見」。不僅在中國戲劇史的和中國文學史的研究者們說來是一個極重要的消息，而且，在中國文學寶庫裏，或中國的歷史文獻資料裏，也是一個太大的收穫。這個收穫，不下於「內閣大庫」的打開，不下於安陽甲骨文字的出現，不下於敦煌千佛洞鈔本的發現。對於我，它的發現乃是最大的喜悅。這喜悅克服了一言難盡的種種的艱辛與痛苦，戰勝了壞蛋們的誣陷。苦難是過去了。若干「患得患失」的不寐的痛苦之夜是過去了。「喜悅」卻永遠存在著。又摩挲了這部書幾遍，還感到無限憤喜交雜！故把這篇跋收入得書記裏印出。一九四一年之後，我離開了家，隱姓埋名，避居在上海的「居爾典路」。每天不能不挾皮包入市，以示有工作。到那裏去呢？無非幾家古書肆。買不起很好的書了。但那時對於清朝人的「文集」忽然感到興趣。先以略高於稱斤論擔的價錢得到若干。以後，逐漸地得到的多了，也更精了，遂寫成一個目錄。那篇「序」和「跋」都是在編好目錄後寫成的，從沒有機會印出。現在，是第一次在這個「附錄」裏和讀者們相見。又在得書記裏，有幾則文字是應該改動的。因為用的是舊紙型，不便重寫，故在這裏改正一下：（一）得書記第五十三則「至大重修宣和博古圖」裏，說我所得的那部「殘本」是「元刊本」。這話是錯的。今天看來，恐仍是明嘉靖間蔣暘的翻刻本。向來的古書肆，每將蔣序撕去，冒充作元刊本。（二）得書記第八十六則「陳章侯水滸葉子」裏，說起，我所得的那部水滸葉子是黃子立的原刻本。其實，它仍是清初的翻刻本。潘景鄭先生所藏的那一部才是真正的原刻本。那個本子後來也歸了我。曾仔細地對看了幾遍，翻刻本雖有虎賁中郎之似，畢竟光彩大遜。（三）得書續記第十則，瑯嬛文集裏，說：張宗子的許多著作，都無較古的刻本。其實不然。近來曾見到清初刻本的西湖夢尋，刻得極精。其他書，恐怕也會有較早的本子，祇是沒有見到耳。

一九五六年八月七日鄭振鐸序於青島

跋脉望館鈔校本古今雜劇

一

元人雜劇多賴臧晉叔元曲選而存。從前研究元劇的，幾以臧選為唯一的寶庫。臧選刊於萬曆四十四年，所選雜劇凡百種①。殆為雜劇選中最豐富的一種。不僅前無古人，抑且後鮮來者。孟稱舜於崇禎六年刊古今名劇柳枝集及酹江集，多據臧選②。所錄連明作並計之，亦不過五十六種而已。十年來，陸續發現刊行於臧選之前或約略同時的雜劇選集若干種，像息機子古今雜劇選，尊生館主人（黃正位）的陽春奏，古名家雜劇選，新續古名家雜劇選，顧曲齋刻元劇，童野雲刻元劇，繼志齋刻元劇③等，較之臧氏百種，均相形見絀。所載的至多不過臧選的一半。且所能補充臧選的，也不過寥寥的幾種而已。我在顧曲齋刻元劇裏得到關漢卿的緋衣夢一種，曾詫為不世之遇。在古名家雜劇選裏所見的羅貫中龍虎風雲會，楊梓忠義士豫讓吞炭，無名氏漢鍾離度脫藍彩，和龍濟山野猿聽經，蘇子瞻醉寫赤壁賦④，在息機子雜劇選裏所見的九世同居，符金錠，在陽春奏裏所見的二郎神醉射鎖魔鏡，都曾使我感到興奮過。在金貂記卷首發現的敬德不伏老也使我有相當的激動⑤。六本的西遊記雜劇⑥的出現，成為一件重要的大事。八千卷樓書目（卷二十）所載明鈔本燕孫臏用智捉袁進，吳起敵秦掛帥印二種⑦，曾引誘過我特地跑到南京。等到知道這二種不知何時已亡佚了去，我卻懊喪了好幾天。這些發現都是零零星星的。

最大的發現是元刊雜劇三十種。這是黃蕘圃舊藏，經羅振玉、王國維的發見而流傳於世的⑧。在這三十種裏便有未見收於臧選及他選的元劇十七種⑨。更重要的是，借此，我們可以見到元人刊元劇的本來面目⑩。借此，我們也可以知道，明初周憲王（朱有燉）刊行他的「樂府」⑪時，為什麼每種都要注出是「全賓」⑫。當時，黃蕘圃在書簽上曾寫著「乙編」二字。這二字曾引起了王國維和許多人的幻想，以為既有「乙編」，必有「甲編」乃至「丙編」、「丁編」等等⑬。那麼元人刊的元劇必不僅這三十種而已，也許還再有三十種，六十種的發見。

這期望並沒有落空，卻以另一個方式出現於世。我們雖然不曾得到元人刊元劇的「甲編」乃至「丙編」、「丁編」，——這幻想證明了終於是「幻想」，永遠不會實現的⑭——然而我們卻終於又發見了更大的一個元明雜劇的寶庫，這寶庫包含了二百四十二種的元明雜劇，在種數上，較之臧選更多到一倍半，而足以補臧選及他書之未及的。單在元劇方面，已有二十八種，明劇則有六種，元明之間，所謂「古今無名氏」所作的則有一百種以上。這宏偉豐富的寶庫的打開，不僅在中國文學史上增添了許多本的名著，不僅在中國戲劇史上是一個奇蹟，一個極重要的消息，一個變更了研究的種種傳統觀念的起點，而且在中國歷史，社會史，經濟史，文化史上也是一個最可驚人的整批重要資料的加入。這發見，在近五十年來，其重要，恐怕是僅次於敦煌石室與西陲的漢簡的出世的。

這發見，並不是沒有預兆的。

相傳明初親王就藩時，每賜以雜劇千本⑮。永樂大典錄元雜劇二十一卷。（卷之二萬七百三十七至卷之二萬七百五十七）前二卷雜劇名目，大典目錄⑯已闕。然此十九卷所載已有九十本。這恐怕是滙選雜劇之始。我們也知道，明代收藏雜劇者往往將若干單帙薄冊之雜劇合釘為一本。明季祁氏讀書樓目錄⑰曾記載著：

（一）名劇滙　七十二本（凡二百七十種有詳目）

（二）雜劇　十四本（無目）

（三）鈔本雜劇　十二本（無目）

（四）未釘雜劇　二帙（無目）

晁氏寶文堂書目⑱裏，載有薄冊單刊之雜劇不少。錢遵王也是園書目⑲所載雜劇名目獨多；雖不注明合釘為若干冊，但今知也實是合釘著的。季滄葦書目⑳也載有鈔本元曲三百種，一百冊。（見後）晁氏祁氏之書已不可得見。也是園書目最著稱於世。王國維曲錄㉑全載其雜劇部分。（王氏未見晁氏及祁氏二目）而這一部分的書，也徒令人有「書亡目存」之感。

民國十八年十月間出版的國立北平圖書館月刊（第三卷第四號）裏載有丁初我的黃蕘圃題跋續記一文；在這篇文章裏忽發現黃氏的古今雜劇跋。這書凡六十六冊（原注：今缺二冊）。丁氏注云：「也是園藏趙清常鈔補明刊本，何小山手校。」又跋云：「初我曾見我虞趙氏舊山樓藏有此書，假歸，極三晝夜之力，展閱一遍，錄存『跋語兩則』。」又云：「案也是園原目除重複外係三百四十種。蕘圃所存為二百六十六種，實闕七十四種。……汪氏錄清現存目錄十四紙，依此書之次第另錄之，實存二百三十九種，又闕二十七種。」

這是如何重大的一個消息！在民國十八年間，丁氏還曾見到這六十四冊的也是園藏古今雜劇，則此書必至今不曾亡佚可知。雖然已闕失了一百零一種，但餘下的二百三十九種必定還在人間！這消息的流布，使我喜而不寐者數日。立即作函給北平的友人們追求其書的蹤跡，又托與丁氏相識的友人們去直接詢問丁氏。但丁氏祇是說，閱過後，便已交還給舊山樓。他的跋裏原來也是這樣的：「時促不及詳錄，匆匆歸趙。曾題四絕句以誌眼福。雲煙一過，今不知流落何所矣。擲筆為之嘆息不置。」

但我總耿耿於心，念念不忘此書。我相信此書必定還在人間，並且也不會流落到很遠的地方去。同時，要蹤跡此書的，還有武進某君。舊山樓藏書，多半歸於盛宣懷。他曾至盛氏藏書處細閱，只見有元曲選，並無此書。後盛氏書由政府中某氏贈給了約翰大學圖書館，再度檢閱，也無此書在內。難道此書竟真的蕩為雲煙麼？

舊山樓在江南齊盧戰役，曾駐過軍隊。所遺存的古籍多半為兵士們持作炊柴；兵退後，殘帙破紙與馬糞污草相雜，狼藉於樓之上下。難道此書竟被兵士們當作舉火之用麼？

問之虞山人士，胥不知此書存佚。輾轉問之趙氏後人，也都不知，再問之丁氏，還是一個「不知」。不久，丁氏歸道山，更沒法去追問此書的消息了。

但我還不曾灰心。耿耿不忘於心，也念念不忘於口。見人必問，每談及元劇，則必及此書。我曾輯元劇佚文，但因希望能見到此書，始終不願付之剞劂。

果然，「精誠所至，金石為開」，此書竟被我所發現！

二

這是不能忘記的一天！這是永遠不能忘記的一刻！

在民國二十七年五月的一天晚上，陳乃乾先生打了一個電話給我，說，蘇州書賈某君曾發現三十餘冊的元劇，其中有刻本，有鈔本；刻本有寫刻的，像古名家雜劇選，有宋體字的，不知為何人所刻。鈔本則多半有清常道人跋。我心裏怦怦的跳動著。難道這便是也是園舊藏之物麼？我相信，一定是此物！他說，從丁氏散出。這更證實了必是舊山樓的舊物。丁氏所云：「匆匆歸趙」，所云「雲煙一過，今不知流落何所」，均是英雄欺人之談。我極力的托他代覓代購。他說，也許還有一部分也可以接著出現。

當時，我衹是說著要購藏，其實是一貧如洗，絕對的無法籌措書款。但我相信，這「國寶」總有辦法可以購下。我立即將這好消息告訴在漢口的盧冀野先生和在香港的袁守和先生。第二天下午，我到來青閣書莊，楊壽祺先生也告訴我這個消息，說有三十多冊，在唐某處，大約千金可以購得；還有三十餘冊則在古董商人孫某處，大約也不過千四五百金至二千金可以購得。他已見到此書。這消息是被證實了。我一口托他為我購下。雖然在戰爭中，我相信這二三千金並不難籌。

這一夜，因為太興奮了，幾乎使永不曾失過眠的我，第一次失眠。這興奮，幾與克復一座名城無殊！

第二天，一見到幾位同事，便托其設法籌款。很高興的，立即籌到了千金。這溫厚的同情與幫助，是我所永遠不能忘懷的。當天下午，便將此款交給了楊壽祺先生。他一口答應說，明天下午可以從唐某處取得此書三十餘冊來。

我立即又作一札告訴袁守和先生，說這部書大約三千金可得；不知北平圖書館有意收購沒有。

渴望的等待，忘情的喜悅，與「萬一失之」的恐懼，交戰於心，又是一夜的不能入睡。

不料，第二天下午，到了來青閣書莊，那「恐懼」竟實現了！楊君說：他去遲了一步，唐某處的三十餘冊，已以九百金歸之孫君了。此書成了完璧，恐怕要漲價不少。同時，並以原金還給我。

沒有那樣的「失望」過！像熊熊火紅的熱鐵突然拋入水中一樣。垂得而復失之，格外的令我難過！想望了十年的東西，一旦失之交臂，這懊喪，這痛苦，是足夠忍受的。這一夜又患了失眠。

明天一早，苦笑的把原金還給了同事們，說，恐怕永遠的不會買到此書了，唯一的希望是，此「國寶」不至出國。

守和從香港回了信，說北平圖書館決定要購下此書。三千之數，他可以設法籌措。我苦笑的把這信塞到抽屜裏去。

如此的過了好幾天，終日在「失望」的苦痛裏煎熬裏。任怎樣不能忘懷於此書。十年不能忘於心，不能忘於口的，難道一旦將得之，竟還能聽任其失之交臂麼？

我相信，必有辦法可以得到它；任用多少的力量與金錢都不計，必有辦法可以得到它！

又晤到了乃乾先生，又提起了此書。他說，古董商人為孫伯淵君。此書成了全璧後，孫君待價而沽，所望甚奢，且聲言此時決不出售。且甚珍秘，不令人見。乃乾和孫君是熟友。我再三的托他去問價，並再三的說，必定有辦法籌款。

隔了兩天，乃乾告訴我說，再四與孫君商議的結果，他非萬金不售；且須立刻商妥，否則，將要他售。

我又燃起了希望。肯售，且有了價格，這事便又有些眉目了。這一天，立刻我發了兩個電報，一致守和，一致冀野，說及其價格。守和在第二天，便回電說，他那裏只好「望洋興嘆」。籌款實在不易。我的希望去了一半。到了第三天，冀野卻回了一電，說：決購，並要我去議價。他在教部辦事；對於元劇的狂熱，和我有些相同。

我恢復了「希望」，恢復了興奮，立刻找到乃乾商談此事。乃乾說，恐怕不易減少價格。但經過了三天的議價，終於以九千金成交。我立即電告冀野。同時仍向同事們先籌款千金，作為定洋；約定在二十天以內，將全款付清。

時間是五月三十日，天色有些陰沉沉的，春寒還未盡去。我偕乃乾持千金至孫君處，簽定了契約。在這時，我方才第一次見到了原書！一冊又一冊的翻閱著。不忍釋手；不忍離目。每冊有汪閬源藏印。首冊有黃蕘圃手鈔目錄，多至三十九頁。幾乎每冊都有清常道人的校筆及跋語。何小山也曾細細的校過。錢遵王卻只留下了數行的鈔補的手跡。董玄宰也有跋四則。到了這時，此書的授受的源流方才皎然明白。原來所謂也是園藏者，只不過是其中受者授者之一人而已，實應作脉望館鈔校本。黃目總名作古今雜劇，不知為誰氏所命名。除刻本外，鈔本多半注明來源；或從內本錄校，或由于小穀本傳鈔。刻本祇有二種，一為古名家雜劇選本，一為息機子雜劇選本。此書的鈔校為萬曆四十二至五年間，恰在臧氏元曲選刊行於世的時候，故所收獨不及臧選。

黃蕘圃嘗自誇所藏詞曲甚富；但通行本士禮居題跋記所載詞曲寥寥無幾。今見此書首冊黃氏手鈔所藏曲目及跋，始知「學山海之居」中所庋藏詞曲，果不下於「詞山曲海」之李中麓也。

這六十四冊的寶庫，包含鈔本、刻本的元明雜劇二百四十二種，幾乎每種都是可驚奇的發現；即其名目和臧選及其他選相同，而其文字間也大有異同。較之往日發現一二種雜劇即詫為奇遇者，誠不禁有所見未廣之嘆！

我有充足的勇氣措置這事；我接受了這契約。這書的價值決非數字所能表示的。我最恨市賈的把「書」和「金錢」作相等的估計。無數的古籍、名著決不是區區金錢所能獲致的。以古香古色的名著較之金錢，金錢誠如糞土。我獲見此書，即負契約上的一切損失也願意。

兩個星期過去了；因為內地滙款的困難，還是沒有什麼消息來，只來了一個電報，叫設法在上海籌款於限期內付出。仍依賴了同情與友誼，我居然籌到了借款，而在限期內將書取回。——這借款過了兩個多月方才寄到歸還。

這「書」是「得其所」了，「國寶」終於成為國家所有。我的心願已償。更高興的是，完成這大願的時間乃在民族的大戰爭的進行中。我民族的蘊蓄的力量是無窮量的，即在被侵略的破壞過程中，對於文化的保存和建設還是無限的關心。這不是沒有重大的意義！這書的被保存便是一個例。

三

脉望館藏曲初無藉藉名。談曲的人向來只知道也是園而不知道脉望館。今傳的脉望館書目㉒，所載詞曲，寥寥無幾。在「書目」盈字號詞曲類裏，所列的不過：㑳梅香雜劇二本，秦仙仙傳一本，大雅堂集一本，狀元堂陳母教子雜劇一本，誠齋傳奇十本，雜劇四本，游春記一本，下船雜劇一本，梁狀元不伏老一本，泰和記一本，崑崙奴傳一本，古本西廂一本，紅拂雜劇一本，雜劇三本，譚版西廂一本，莽張飛大鬧石榴園雜劇一本，枸欄一本，楚昭王疏者下船雜劇一本，（玉簡齋本此下有「升庵雜劇二十本，二套」；按「劇」應據秘笈本改作「刻」）等而已；與今所見之脉望館鈔校本古今雜劇多至六十冊以上者大異。疑脉望館書目為後來所編，此書或已轉售，故不著錄。

清常道人為趙琦美的別號。按趙氏「家乘」：「琦美原名開美，字仲朗，號玄度，嘉靖癸亥（公元一五六三年）生。以父（用賢）蔭，歷官刑部貴州司郎中，授奉政大夫。天啟甲子（公元一六二四年）卒。邑志有傳。配徐氏，光祿監事勉之公懋德女，贈宜人。繼呂氏，孝廉名道烔女，封宜人。葬桃源澗。子五，士震振羽振海振華士昇。女三；長適瞿式耜，次適江陰繆貞白，次適錢昌韓。」㉓邑志的「傳」，寫他的生平較詳：

趙琦美字元度，文毅公（用賢）子。天性穎發，博聞強記。以父蔭，歷官刑部郎中。生平損衣削食，假書繕寫，朱黃讐校，欲見諸實用。得善本，往往文毅公序而琦美刊之。其題跋自署清常道人。有藏書之室曰脉望館。官太僕丞時，嘗解馬出關，周覽博訪，上書奏條方略，隨例報聞。遂以使事歸里。著有洪武聖政記、偽吳雜記、容臺小草、脉望館書目。子士震，官徐州衛經歷。㉔

——常昭合志稿卷三十二

他的藏書大抵以得之北方為多；而所校書也以在北方為最多。歸里後，他的藏書似乎也全都捆載而南。在什麼時候，他的藏書散出來，已不可知。但總在天啟、崇禎之間。錢謙益㉕得到他的鈔校本的全部。㉖相傳他卒後，他的子孫不肖，將他的藏書售去時，曾聞有鬼在啜泣。這「話」見於錢曾的讀書敏求記；雖是一段「鬼」話，卻可知清常道人是如何的篤愛他的藏書，如何寶重他的親自手校的文籍。這部手校的古今雜劇也當是當時歸之謙益的一種。謙益將末與絳雲樓同毀的清常道人鈔校本的書全部贈給了錢曾。㉗所以古今雜劇也被收於也是園書目。惟遵王並不舉總名，而將雜劇名目一一列舉。其中次第是否照舊，或遵王有否增入若干種，已不可知。但想來，當是脉望館原來的面目；蓋在萬曆四十三年以後刊行的雜劇集，像元曲選等均不曾釘入，可見遵王並不曾改動了原來合釘的式樣。

錢遵王藏書，多半歸於泰興季滄葦。㉘故季滄葦藏書目㉙所載多半述古舊物。其中有：

元曲三百種一百本　鈔

一項。㉚此書殆即今見之脉望館鈔校本古今雜劇。

何煌㉛為何焯之弟，亦好書。他所得元明人曲本甚多，也勤於校。今此鈔校本中所見之朱筆密校，署名「小山」或「仲子」者，皆煌手筆也。他並藏有「元刊雜劇三十種」一書，故每以元刊本校此鈔校本。

煌所藏曲，此書及元刊雜劇三十種，並琵琶記等，後均歸於黃丕烈的百宋一廛。㉜丕烈跋此書云：「曲本略有一二種，未可云富。今年始從試飲堂購得元刊明刊舊鈔名校等種，列目如前。」

後來，黃氏士禮居藏書散出，此書歸汪閬源㉝所有，故每冊之首均鈐有汪氏印章。汪氏散出後，此書又歸趙氏舊山樓。㉞由舊山樓再轉入丁初我手。蓋此書自北南下後，始終未出蘇州及常熟二地。未遭絳雲之炬，歷脫兵火大劫，至今三百餘年，乃大顯於世。其受授源流可列表如下：

趙琦美——錢謙益——錢曾（遵王）——季振宜（滄葦）——何煌（小山）——黃丕烈——汪士鍾（閬源）——趙宗建（舊山樓）——丁祖蔭（初我）

丁氏字芝蓀，號初我，常熟人，嘗知常熟縣事。故於舊山樓散出故籍，所得獨多。他曾搜求虞地著作，刊為虞陽說苑二編。（乙編僅成四冊）後居蘇州以終。這次蘇城失陷，他的藏書殆盡被劫散出，此書便是其中之一。他生前對於此書極端保守秘密；即其至友亦不知其藏有此書。這實是一件不可瞭解的神秘。今乃經大劫而反顯於世；且更付之剞劂，不日可以告成。則三百多年來的秘冊，將成為人人可得之物了。

但在授受的淵源裏，有一點可疑的，即此書中有董其昌跋四則，似董氏曾挾此書於舟中覽閱。也許在錢謙益得到此書之前，或曾經他收藏過。或者他曾借閱於趙氏，也說不定。

四

經過了三百多年的輾轉授受，這部最宏偉的戲曲的寶庫，不能沒有損失。清常所藏的原來有多少種，已不可知。據也是園書目則有三百四十種。（除重複外）季滄葦書目則有三百種，一百冊。（似三百種之數，係季氏舉成數而言，非實際之數目）但到了黃蕘圃手裏，則僅存六十六冊，二百六十六種，較之也是園所載已闕了七十四種。在蕘圃跋裏及他手鈔目錄裏均已一一舉出。[35]這闕失了的七十幾種重要的東西實在不少：

*1 王瑞蘭私禱拜月亭　元關漢卿撰
（按此劇有元刊本）
2 王魁負桂英
*3 洞庭湖柳毅傳書
（按此劇有元曲選本）
4 玉清殿諸葛論功　以上元尚仲賢撰
*5 鄭孔目風雪酷寒亭
（按此劇有元曲選本）
*6 臨江驛瀟湘夜雨　以上元楊顯之撰
（按此劇有元曲選本）
7 風月兩無功　元陳定甫撰
*8 說鱄諸伍員吹簫　元李壽卿撰
（按此劇有元曲選本）
9 韓退之雪擁藍關記　元趙明遠撰

*10散家財天賜老生兒
（按此劇有元曲選本）
11抱侄攜男魯義姑
12女元帥掛甲朝天　以上元武漢臣撰
13神龍殿欒巴噀酒　元李取進撰
*14鐵拐李借屍還魂　元岳伯川撰
（按此劇有元曲選本）
*15梁山泊黑旋風負荊　元康進之撰
（按此劇有元曲選本）
16黃桂娘秋夜竹窗雨
*17秦修然竹塢聽琴　以上元石子章撰
（按此劇有元曲選本）
*18陳季卿誤入竹葉舟　范子安撰
（按此劇有元曲選本）
*19沙門島張生煮海
（按此劇有元曲選本）
20劈華山神香救母
*21謝金蓮詩酒紅梨花　元張壽卿撰
（按此劇有元曲選本）
*22秦太師東窗事犯　元孔文卿撰
（按此劇有元刊本）
*23便宜行事虎頭牌
（按此劇有元曲選本）
24鄧伯道棄子留侄　以上元李直夫撰
*25花間四友東坡夢
（按此劇有元曲選本）
26唐三藏西天取經　以上元吳昌齡撰
（按今傳西遊記雜劇疑即此劇）
27賢達婦荊娘盜果
28捧袁祥

29孝順賊魚水白蓮池

*30李素蘭風月玉壺春

（按此劇當為息機子刊本；元曲選亦收之，作武漢臣撰）

*31王鼎臣風雪漁樵記

（按此劇當為息機子刊本；元曲選作朱買臣風雪漁樵記）

32行孝道郭巨埋兒

33宣㊱門子弟錯立身　以上元無名氏撰

34遙天笙鶴　元明丹邱先生撰

*35天香圃牡丹品

*36蘭紅葉從良煙花夢

*37四時花月賽嬌容

*38文殊菩薩降獅子

*39關雲長義勇辭金

*40搊搜判官喬斷鬼

*41豹子和尚自還俗

*42甄月娥春風度㊲朔堂

*43美姻緣風月桃源會

*44宣平巷劉金兒復落娼

*45神后山秋獮得騶虞

*46小天香早夜朝元

*47李妙清花裏悟真如　以上明周王誠齋撰

（按以上各劇均有通行刊本及傳鈔本）

48花月妓雙偷納錦郎

49鄭者老義配好姻緣　以上明陳大聲撰

*50杜子美沽酒游春　明王渼陂撰

（按此劇有盛明雜劇本）

*51東郭先生誤救中山狼　明康對山撰

（按此劇有盛明雜劇本）
52諸葛亮掛印氣張飛
53諸葛亮石伏陸遜
*54諸葛亮隔江鬥智
（按此劇有元曲選本）
55老陶謙三讓徐州
56壽亭侯五關斬將
57關大王月下斬貂蟬
58關雲長古城聚義
59米伯通衣錦還鄉　以上三國故事
60蘇東坡誤入佛游寺　以上宋朝故事

但蕘圃的「待訪目」尚遺漏了：

*1包待制智賺合同文字
（按此劇有元曲選本）

61李瓊奴月夜江陵怨
62崔驢兒指腹成婚
63鵠奔亭蘇娥自訴
64賽金蓮花月南樓記　以上雜傳
65呂洞賓戲白牡丹　以上神仙
66保國公安邊破虜
67英國公平定安南　以上明朝故事
68南極星金鑾慶壽
69賀萬年拜舞黃金殿
70獻禎祥祝延萬壽
71西王母祝壽瑤池會

*2薩真人夜斬碧桃花
（按此劇有元曲選本）

*3 河嵩神靈芝慶壽

（按此劇有通行本）

*4 南極星度脫海棠仙

（按此劇有通行本）

*5 善知識苦海回頭

（按此劇為也是園原目所未載，亦見於雜劇十段錦）

五種。丁初我謂除重複外，實闕七十四種，這計算是對的。蓋以河嵩神靈芝慶壽及南極星度脫海棠仙二種為複出也。蕘圃待訪目為什麼漏列了這幾種呢？豈以其或為重複者，或已見於息機子元人雜劇選（蕘圃藏有此書）麼？

到了汪閬源手裏，又闕了二十七種：㊳

*1 李太白匹配金錢記

（按此劇有元曲選本）

*2 杜牧之詩酒揚州夢

（按此劇有元曲選本）

*3 玉簫女兩世姻緣　以上元喬夢符撰

（按此劇有元曲選本）

*4 尉遲恭單鞭奪槊㊴　元尚仲賢撰

（按此劇有元曲選本）

5 中郎將常何薦馬周　元庾吉甫撰

*6 須賈誶范雎

（按此劇有元曲選本）

*7雙獻頭武松大報仇　元高文秀撰

（按此劇有元曲選本）

*8趙江梅詩酒玩江亭　元戴善甫撰

*9趙氏孤兒大報仇　元紀君祥撰

（按此劇有元曲選本）

10趙光普進梅諫　元康進之撰

*11魯大夫秋胡戲妻　元石君寶撰

（按此劇有元曲選本）

*12蕭何月下追韓信　元金志甫撰

（按此劇有元刊本）

13李存孝誤入長安　元陳存甫撰

14英雄士蘇武持節　元周仲彬撰

15莊周半世蝴蝶夢㊵

16羊角哀鬼戰荊軻

17四公子夷門元宵宴

18巫娥女醉赴陽臺夢　以上春秋故事

19郅鄆璋昆陽大戰

20金穴富郭況游春

21施仁義岑母大賢　以上東漢故事

22李存孝大戰葛從周

23狗家疃五虎困彥章

24朱全忠五路犯太原　以上五代故事

25小李廣大鬧元宵夜

26宋公明劫法場

27宋公明喜賞新春會　以上水滸故事

第二次所佚闕的二十七（六）種，係據汪閬源氏所鈔現存目錄（丁氏云：汪氏錄清現存目錄十四紙）與蕘圃手鈔目錄相校計的。自汪氏再傳到丁氏，則此「現存」的六十四冊，二百四十二種，並不曾再有什麼損失。」

經過了這兩次佚闕，較之也是園書目所載，總計闕少一百零三種㊶，將及全書的三之一。這些佚闕的雜劇恐怕我們是再也不能夠見到的了。這是多麼重大的損失！在其中，僅四十七種今有傳本，其他五十六種卻都是人間孤本，再不能夠有遇到第二本的機會的。像尚仲賢、庾吉甫、戴善夫、康進之、陳定甫、趙明遠、武漢臣、李取進、石子章、李好古、李直夫、陳存甫、周仲彬、丹邱先生、陳大聲諸作者的著作，以及元無名氏的幾種，春秋故事、五代故事的幾種都是很重要的。我們對於他們的亡佚實在是抱憾無窮，同時對於那二百四十二種㊷之得倖存於今，則更覺得欣幸無已也。

五

在今存的二百四十二種裏，重要的作品自然是很不少；但也有很無聊的頌揚功德劇，應節喜慶劇，且也有寫的不大高明的；而這裏卻也保全了很可寶貴的資材。竹頭木屑，何一非有用之物。董其昌跋眾神聖慶賀元宵節云：

此種雜劇不堪入目，當效楚人一炬為快！

這種態度是我們所不取的。對於古代的著作與文獻，我們是應該以另外一種眼光去看待他們，不僅僅單著重於保存重要的名著而已。

在其間，元人所著的雜劇，當然引起我們特殊的注意：

*1 破幽夢孤雁漢宮秋㊸（古名家本）
*2 馬丹陽三度任風子（鈔本）（按此劇有元曲選本）
*3 呂洞賓三醉岳陽樓（古名家本）
*4 江州司馬青衫淚（古名家本）
*5 半夜雷轟薦福碑（古名家本）
*6 西華山陳摶高臥（古名家本）
*7 孟浩然踏雪尋梅㊹（息機子本）
*8 開壇闡教黃粱夢（息機子本）
以上八種馬致遠撰
*9 蘇子瞻風雪貶黃州（鈔本）
以上一種費唐臣撰
*10 四丞相歌舞麗春臺㊺（古名家本）

11呂蒙正風雪破窰記（鈔本）

以上二種王實甫撰

*12死生交范張雞黍（息機子本）

以上一種宮大用撰

*13杜蕊娘智賞金線池（古名家本）

14劉夫人慶賞五侯宴（鈔本）

*15關大王獨赴單刀會（鈔本）

（按此劇有元刊本）

*16趙盼兒風月救風塵（古名家本）

*17溫太真玉鏡臺（古名家本）

*18望江亭中秋切鱠旦（息機子本）

*19錢大尹智寵謝天香（古名家本）

20鄧夫人苦痛哭存孝（鈔本）

*21錢大尹智勘緋衣夢（古名家本）

*22包待制三勘蝴蝶夢（古名家本）

*23感天動地竇娥冤（古名家本）

24山神廟裴度還帶（鈔本）

*25尉遲恭單鞭奪槊[46]（鈔本）

（按此劇有元曲選本）

26狀元堂陳母教子（鈔本）

以上十四種關漢卿撰

*27唐明皇秋夜梧桐雨（古名家本）

28董秀英花月東牆記（鈔本）

*29裴少俊牆頭馬上（古名家本）

以上三種白仁甫撰

30保成公徑赴澠池會（鈔本）

*31好酒趙元遇上皇（鈔本）

（按此劇有元刊本）

32劉玄德獨赴襄陽會（鈔本）

以上三種高文秀撰

33立成湯伊尹耕莘（鈔本）
34鍾離春智勇定齊（鈔本）
*35㑳梅香騙翰林風月（息機子本）
*36醉思鄉王粲登樓（古名家本）
*37迷青瑣倩女離魂（古名家本）
38虎牢關三戰呂布（鈔本）
以上六種鄭德輝撰
39張子房圯橋進履（鈔本）
*40同樂院燕青博魚（鈔本）
（按此劇有元曲選本）
41破苻堅蔣神靈應（鈔本）
以上三種李文蔚撰
42老莊周一枕蝴蝶夢（鈔本）
以上一種史九敬先撰
*43張孔目智勘魔合羅（古名家本）
以上一種孟漢卿撰
*44陶學士醉寫風光好（古名家本）
以上一種戴善夫撰
*45東堂老勸破家子弟（息機子本）
*46孝義士趙禮讓肥（息機子本）
47陶母翦髮待賓（鈔本）
以上三種秦簡夫撰
48宋上皇御斷金鳳釵（鈔本）
*49布袋和尚忍字記（息機子本）
*50楚昭公疏者下船（鈔本）
（按此劇有元刻及元曲選本）
*51看財奴買冤家債主（息機子本）
*52包龍圖智勘後庭花（古名家本）
*53斷冤家債主（鈔本）
（按此劇有元曲選本）

以上六種鄭廷玉撰

*54宋太祖龍虎風雲會㊼

（古名家本）

*55諸葛亮博望燒屯（鈔本）

（按此劇有元刻本）

*56龐涓夜走馬陵道（鈔本）

（按此劇有元曲選本）

*57忠義士豫讓吞炭㊽（古名家本）

*58錦雲堂美女連環記（息機子本）

*59蘇子瞻醉寫赤壁賦（古名家本）

60鄭月蓮秋夜雲窗夢（鈔本）

*61王月英月夜留鞋記㊾（息機子本）

以上八種元無名氏撰

*62河南府張鼎勘頭巾（古名家本）

以上一種孫仲章撰㊿

*63硃砂擔滴水浮漚記（鈔本）

（按此劇有元曲選本）

*64貨郎擔（鈔本）

（按此劇有元曲選本）

*65敬德不伏老(51)（鈔本）

（按此劇今有世界文庫本）

66施仁義劉弘嫁婢（鈔本）

67劉千病打獨角牛（鈔本）

*68殺狗勸夫(52)（鈔本）

*69大婦小妻還牢末(53)（鈔本）

（按此劇有元曲選本）

*70講陰陽八卦桃花女(54)（鈔本）

（按此劇有元曲選本）

*71玎玎璫璫盆兒鬼（鈔本）

（按此劇有元曲選本）

72 劉玄德醉走黃鶴樓[55]（鈔本）

*73 玉清庵錯送鴛鴦被（鈔本）

（按此劇有元曲選本）

74 關雲長千里獨行（鈔本）

*75 孟光女舉案齊眉（鈔本）

（按此劇有元曲選本）

76 雁門關存孝打虎（鈔本）

77 狄青復奪衣襖車（鈔本）

78 摩利支飛刀對箭（鈔本）

79 降桑椹蔡順奉母[56]（鈔本）

*80 羅李郎大鬧相國寺[57]（古名家本）

*81 馬丹陽度脫劉行首[58]（古名家本）

82 閥閱舞射柳蕤丸記（鈔本）

*83 逞風流王煥百花亭（鈔本）

（按此劇有元曲選本）

*84 龍濟山野猿聽經（古名家本）

85 二郎神醉射鎖魔鏡（古名家本）

*86 漢鍾離度脫藍彩和（古名家本）

*87 李雲英風送梧桐葉[59]（古名家本）

*88 趙匡義智娶符金錠（息機子本）

*89 包待制智賺生金閣[60]（息機子本）

*90 包待制智斬魯齋郎[61]（古名家本）

*91 張公藝九世同居（息機子本）

92 月明和尚度柳翠[62]（古名家本）

（按此劇與元曲選本全殊，如臧本所錄者為李壽卿作則此劇當是另一作者所著）

以上三十種元無名氏撰

右九十二種，釘二十四冊，皆為元人著作。即此已足和臧氏元曲選並駕齊驅。其中的六十二種，今有傳本可得；其他二十九種則皆為人間孤本。我們在這裏發現了關漢卿的五侯宴、哭存孝、裴度還帶、陳母教子四種；發現了費唐臣的貶黃州；發現了王實甫的破窰記；發現了白仁甫的東牆記；發現了高文秀的澠池會、襄陽會；發現了鄭德輝的伊尹耕莘、智勇定齊、三戰呂布；發現了李文蔚的圯橋進履、蔣神靈應；發現了史九敬先的莊周蝴蝶夢；發現了秦簡夫的翦髮待賓；發現了鄭廷玉的金鳳釵；發現了朱凱的黃鶴樓；發現了劉唐卿的蔡順奉母；還發現了無名氏的雲窗夢、劉弘嫁婢等；這消息是足夠以令我們研究中國文學的人驚詫不已的！

何況，即在與臧選及他選名目相同的劇本裏，其「異文」也是觸目皆是；有的簡直是成為另一個本子；其重要實不下於「孤本」的被發現，敬德不伏老今僅見金貂記附刊本，而闕佚甚多，得此本足以補正不少。關大王單刀會，元刊本殘佚曲文不少，賴此，得以讀得暢順。好酒趙元遇上皇也足以幫助我們瞭解元刊本的情節不少。

這一部分，佔了全書的少半的，可以說是全書裏最可驚人的部分；單是這一部分的發現，已足夠我們神往了。

然在明劇這一部分也不是什麼凡品，多數是我們久久欲讀而不可得的！

93沖漠子獨步大羅天（鈔本）
94卓文君私奔相如（鈔本）
以上二種丹邱先生（朱權）撰
*95劉晨阮肇誤入天臺（息機子本）
以上一種王子一撰
96黃廷道夜走流星馬（鈔本）
以上一種黃元吉撰
*97呂洞賓三度城南柳（古名家本）
以上一種谷子敬撰
*98鐵拐李度金童玉女（古名家本）
99呂洞賓桃柳昇仙夢（古名家本）
*100蕭淑蘭情寄菩薩蠻（古名家本）
*101荊楚臣重對玉梳記（古名家本）
以上四種賈仲名撰
*102翠紅鄉兒女兩團圓（息機子本）
以上一種楊文奎撰
103宴清都洞天玄記（古名家本）
以上一種楊慎撰
104獨樂園司馬入相（鈔本）
（按此本似據刻本影鈔）
以上一種桑紹良撰
*105灌將軍使酒罵座記（古名家本）
*106金翠寒衣記（古名家本）
*107漁陽三弄（古名家本）
*108玉通和尚罵紅蓮[63]（古名家本）
*109木蘭女（古名家本）
*110黃崇嘏女狀元（古名家本）
111僧尼共犯傳奇（鈔本）
以上七種明無名氏撰[64]
*112東華仙三度十長生（古名家本）

*113 群仙慶壽蟠桃會（古名家本）

*114 呂洞賓花月神仙會（古名家本）

*115 惠禪師三度小桃紅（鈔本）

*116 張天師明斷辰鉤月（鈔本）

*117 洛陽風月牡丹仙（鈔本）

*118 趙貞姬身後團圓夢（古名家本）

*119 劉盼春守志香囊怨（古名家本）

*120 李亞仙花酒曲江池（古名家本）

*121 紫陽仙三度常椿壽（古名家本）

*122 福祿壽仙官慶會（鈔本）

*123 十美人慶賞牡丹園（鈔本）

*124 善知識苦海回頭(65)（古名家本）

*125 瑤池會八仙慶壽（鈔本）

*126 黑旋風仗義疏財（鈔本）

*127 清河縣繼母大賢（古名家本）

以上十六種朱有燉（周憲王）撰

上明人雜劇三十五種，釘七冊（第二十五冊至第三十一冊）。丹邱先生二種的發見，其令人快慰，不下於關王諸作之發見。黃元吉、楊慎、桑紹良諸人所作，也是素來罕見的。賈仲名的桃柳昇仙夢也為初次發見的東西。

128 伍子胥鞭伏柳盜跖(66)

129 十八國臨潼鬥寶

130 田穰苴伐晉興齊
131 後七國樂毅圖齊
132 吳起敵秦掛帥印
133 守貞節孟母三移
以上六種春秋故事
134 漢公卿衣錦還鄉
135 運機謀隨何騙英布
136 隨何賺風魔蒯通
（按此劇有元曲選本）
*137 司馬相如題橋記（古名家本）⑥⑦
138 韓元帥暗度陳倉
以上五種西漢故事
139 馬援撾打聚獸牌
140 雲臺門聚二十八將
141 漢姚期大戰邳仝
142 孝義士趙禮讓肥⑥⑧
143 寇子翼定時捉將
144 鄧禹定計捉彭寵
以上六種東漢故事
145 十樣錦諸葛論功
146 曹操夜走陳倉路
147 陽平關五馬破曹
148 走鳳雛龐統掠四郡
149 周公瑾得志娶小喬
150 張翼德單戰呂布
151 莽張飛大戰石榴園
152 關雲長單刀劈四寇
153 壽亭侯怒斬關平
154 關雲長大破蚩尤
155 劉關張桃園三結義

156 張翼德三出小沛
157 張翼德大破杏林莊
以上十三種三國故事
158 陶淵明東籬賞菊
以上一種六朝故事
159 長安城四馬投唐
160 立功勛慶賞端陽
161 賢達婦龍門隱秀
162 招涼亭賈島破風詩
163 眾僚友喜賞浣花溪
164 魏徵改詔風雲會
165 程咬金斧劈老君堂
166 徐茂公智降秦叔寶
*167 小尉遲將鬥將將鞭認父
（按此劇有元曲選本）

168 尉遲公鞭打單雄信
169 十八學士登瀛州
170 唐李靖陰山破虜
以上十二種唐代故事
171 李嗣源復奪紫泥宣
172 飛虎峪存孝打虎⑥⑨
173 壓關樓疊掛午時牌
以上三種五代故事
174 存仁心曹彬下江南
175 八大王開詔救忠臣
176 楊六郎調兵破天陣
177 焦光贊活拿蕭天佑
178 宋大將岳飛精忠
179 十探子大鬧延安府
180 張于湖誤宿女真觀

181 女學士明講春秋
182 趙匡胤打董達
183 穆陵關上打韓通
以上十種宋代故事

上五十六種，釘十七冊（第三十二冊至第四十八冊），皆為自春秋以下的歷史故事劇；內容至為龐雜；其作者為元為明頗不易分別；亦多半出於教坊伶人之手。但重要的是，借此得以窺見歷史故事在元明間遞嬗變化之跡。這對於研究中國小說史者、戲劇史者均極有關係。諸劇的賓白往往有雷同或互相牴牾處，一一抉出，至為不易。

*184 相國寺公孫汗衫記[70]
（按此劇有元曲選本）
185 海門張仲村樂堂
186 王閏香夜月四春堂[71]
187 女姑姑說法陞堂記
188 清廉官長勘金環
189 雷澤遇仙記
190 若耶溪漁樵閑話
191 徐伯株貧富興衰記
192 薛包認母
193 認金梳孤兒尋母
194 四時花月賽嬌容[72]
195 王文秀渭塘奇遇
196 慶豐門蘇九淫奔記

197 風月南牢記

198 秦月娥誤失金環記

以上十五種雜傳

在「雜傳」裏差不多全都是「社會」劇和「戀愛」劇，寫得好的不少。像海門張仲村樂堂、徐伯株貧富興衰記和蘇九淫奔記、風月南牢記等，和張國賓、關漢卿諸作較之，也並不見得有「篤下」之感。惟雷澤遇仙記、漁樵閑話等則比較單調，大似「神仙」劇的同類耳。

199 釋迦佛雙林坐化

200 觀音菩薩魚籃記

以上二種釋氏

201 許真人拔宅飛昇

202 孫真人南極登仙會

203 呂翁三化邯鄲店

204 呂純陽點化度黃龍

205 邊洞玄慕道升仙

206 李雲卿得悟升真

207 王蘭卿服信明貞傳

208 太平仙記

209 瘸李岳詩酒玩江亭

210 太乙夜斷桃符記

211 南極星度脫海棠仙[73]

212 張天師斷風花雪月
213 時真人四聖鎖白猿
214 猛烈那吒三變化
215 二郎神鎖齊天大聖
216 灌口二郎斬健蛟
217 二郎神射鎖魔鏡[74]

以上十七種神仙

上仙釋劇十九種結構往往雷同，故事也陳陳相同；尤以「神仙度世劇」一類之作，更為讀之令人厭倦。惟關於二郎神諸劇，氣魄很偉大，是仙釋劇的另一方面的成就。

218 魯智深喜賞黃花峪
219 梁山五虎大劫牢
220 梁山七虎鬧銅臺
221 王矮虎大鬧東平府
222 宋公明排九宮八卦陣
*223 黑旋風雙獻功[75]

（按此劇有元曲選本）

以上六種水滸傳故事

關於水滸傳的雜劇，元明人寫作的均不少；高文秀至被稱為「黑旋風專家」。周憲王也寫著豹子和尚自還俗諸劇。惟較之康進之的絕妙好劇李逵負荊，似均尚隔一層。

上六劇，除黃花峪外，均無甚生氣，宋公明排九宮八卦陣尤為無聊之極，祇有若干人物進進出出耳；不僅無「戲劇力」，且連「結構」也幼稚之至。與明人的許多水滸傳奇較之，諸明傳奇似均還高出遠甚也。但水滸一傳的故事的演變，有了諸劇，卻可更明顯的尋出其線索來。水滸裏的諸英雄，大約在很早的時候——就在南宋的時候吧——便已甚為民間所喜愛、崇拜的了。

224 奉天命三保下西洋

以上一種「本朝故事」

225 寶光殿天真祝萬壽
226 眾群仙慶賞蟠桃會
227 祝聖壽金母獻蟠桃
228 降丹墀三聖慶長生
229 眾神聖慶賀元宵節
230 祝聖壽萬國來朝
231 爭玉版八仙過滄海
232 慶豐年五鬼鬧鍾馗
233 河嵩神靈芝獻壽(76)
234 紫薇宮慶賀長春壽
235 賀萬壽五龍朝聖
236 眾天仙慶賀長生會
237 慶冬至共享太平宴
238 賀昇平群仙祝壽
239 慶千秋金母賀延年
240 廣成子祝賀齊天壽

241 黃眉翁賜福上延年
242 感天地群仙朝聖
以上十八種「本朝教坊編演」

上明代故事劇的三保下西洋，似乎可以寫得活潑些，但實在卻是「笨伯」之作；羅懋登的西洋記，鬼怪百出，謊話連篇，還比這有生氣些；羅貫中的龍虎風雲會，「訪普」一折之外，無一折不是浪費的筆墨；而這劇卻自始至終是「浪費」而且無聊的。直辜負了這好題材！

「教坊編演」的十八劇，除爭玉版八仙過海比較的活潑有趣外，幾乎無一劇不是很討厭的頌揚劇。董其昌所謂欲「效楚人一炬」者，正是指此等劇而言。在結構的雷同，故事的無聊，敘述的笨澀方面，尤為「前無古人，後無來者」。清蔣士銓的西江祝嘏⑰四劇，雖同為頌揚劇，而較之這些「教坊編演」的劇本則誠為清雋之至的才人之筆了，這一部分劇本，在戲曲的「題材」上說來，誠是重要的發現；因為這一類的題材，在任何選本上都是不會被選錄，因之，也不會為我們所見到。我們所見到的，祇是清代昇平署的若干鈔本耳。但在批評家的眼光看來，這些無聊的劇本卻是最不值得流傳下來的。在這二百四十二種的劇本裏，這一部分可以說是最駑下而且無用的了。

六

趙琦美鈔校這一部「古所未有」的弘大的劇本集，就今所見的他的跋語看來，當開始於萬曆甲寅（四十二年）的冬天。他跋切鱠旦云：「十二月二十日校內本於真如邸中。」是他第一次見到「內本」乃在「真如邸中」。此後，幾乎每月都校對了好幾本。以萬曆乙卯（四十三年）所校的為最多。在這一年的春天，他於「內本」之外，又見到了山東于小穀所藏的雜劇。最早的一個提到于小穀本的跋是在乙卯孟春念有五日。

萬曆四十三年孟春念有五日校（此字似當作「假」）山東于相公中舍小穀本鈔校

（浣花溪跋）

此後經過了丙辰（四十四年），經過了丁巳（四十五年），也時時都在鈔在校「內本」及「于小穀」本。這些劇本的鈔校至少佔據了他三年以上的時間。他一得暇，便從事於此：

四十三年正月朔旦起朝賀待漏之暇校完（連環記跋）

萬曆四十四年十一月十四日朝賀冬至節四鼓起侍班梳洗之餘校于小穀本（勘頭巾跋）

而在夜間燈下校對的時間也不少：

萬曆四十三年七月二十三日漏下二鼓校于小穀本（題橋記跋）

萬曆四十二年甲寅正月二十一日燈下校內本（立功勛慶賞端陽跋）

甚至在「奉差」的旅途中也不曾放棄了這工作：

于小穀本錄校乙卯二月初八日有事昭陵書於公署（十八學士登瀛州跋）

甚至在家裏有人結婚的時候也還偷筆在校著：

萬曆四十三年乙卯七月初十日校內本是日瑞五成婚並記（海門張仲村樂堂跋）

他對於這校劇的工作可謂深嗜而篤好之。

他大約先得到了刻本的息機子元人雜劇選和古名家雜劇選二書，然後去借「內本」于小穀藏本來鈔、來校。

他的鈔校的工作是：對於有刻本的，則以「內本」或「于本」校其異同；對於祇有鈔本的，則以原本和鈔胥所錄的複本校對一過。故「鈔本」祇是改正了幾個錯字；而對於「刻本」的校勘則費力較多。

就今日所存的二百四十二種雜劇計之，刻本有六十九種，餘一百七十五種皆為鈔本。在刻本裏，有十五種是息機子本，餘皆為古名家雜劇選本。

今所見古名家雜劇凡二集：第二集名新續古名家雜劇選⑱。第一集凡四十種，第二集則僅二十種。然諸家藏本往往有出此二集外者；即這裏所收的五十四種，出二集外的已經很不少。諸家書目皆以古名家雜劇選為陳與郊編刊。今見女狀元之末，有一牌子云：

萬曆戊子（十六年）夏五西山樵者校正，龍峰徐氏梓行

則知編刊者並非陳氏了。緣世人均未見此牌子，故致有此誤。

在一百七十三種鈔本裏，其來源也衹有二種，一是「內本」，一是「于小穀本」。但不注明來源的也有，茲列為一表如下：

(1)內本　九十二種　(2)于小穀本　三十二種　(3)未注明者四十九種

「內本」有一個特徵，即每劇之末均附有「穿關」。「穿關」殆即「穿扮」之意；每折指明登場人物所穿戴的衣眼、帽鞋，並指明髭髯式樣。這裏，且舉一個簡單的例子：

山神廟裴度還帶雜劇穿關

頭折

王員外　一字巾　圓領　條兒　三髭髯

旦兒　鬏髻　手帕　比甲襖兒　裙兒

布襪　鞋

家童　紗包頭　青衣　搭膊

正末裴度　散巾　補納直身　條兒　三

髭髯

第二折

長老　僧帽　僧衣　數珠

行者　僧陀頭　僧衣

王員外　正末裴度　同前

趙野鶴 散巾 道袍 條兒 三髭髯 裙扇

韓夫人 塌頭手帕 補納襖兒 補納裙 布襪 鞋

韓瓊英 手帕 補納襖兒 補納裙 布襪 鞋

李邦彥 一字巾 補子圓領 帶 三髭髯

張千 攢手 圓領 項帕 褡膊

韓瓊英 又上 同前 提盔礶

第三折

山神 鳳翅盔 膝襴曳撒 袍項帕 直纏 褡膊 帶 三髭髯

韓瓊英 正末裴度 韓瓊英夫人 同前

楔子

長老行者 趙野鶴 正末裴度

夫人 同前

第四折

韓太守 一字巾 補子圓領 帶 蒼白髯

張千 同前

媒人 同前旦兒

山人 方巾 青直身 條兒

韓瓊英 花箍 補子襖兒 膝襴裙 布襪 鞋

正末裴度 幞頭襴 偏帶 三髭髯 笏

韓太守又上 同前

夫人 塌頭手帕 補子襖兒 裙兒 布襪 鞋

趙野鶴長老　王員外　旦兒　李邦彥　　同前

我把附有「穿關」都當作了「內本」，大約不會是很錯的。臧晉叔的元曲選也多半出於「內本」。晉叔云：「頃過黃，從劉延伯借得二百種，云錄之御戲監，與今坊本不同。」這話是可靠的，我們觀於今日出現的清代昇平署藏曲與車王府藏曲之多至三四千種，可知明代「御戲監」所藏曲本一定是很多的。李開先所云：「洪武初年，親王之國，必以詞曲千七百本賜之。」正可說明其情形。

至於于小穀（清常跋中亦簡作小谷）是什麼人呢？清常在諸跋曾提到他是東阿于穀峰子。

> 萬曆四十三年乙卯二月十九日，校鈔于小穀藏本。于即東阿穀峰于相公子也。（東牆記跋）

按于穀峰名慎行，字可遠，更字無垢，號穀峰。隆慶進士。萬曆初，歷修撰，充日講官。以忤張居正，請疾歸。居正卒，起故官，後歷官至東閣大學士。卒謚文定。有穀城山館詩文集及筆塵。明史有傳⑲。但我們都不知道他是一個戲曲的收藏者，而且對於戲曲很有研究。在山東，我們只知道李開先（中麓）家裏藏詞曲最多，有「詞山曲海」之目，想不到在東阿還有一個于家。清常云：

于穀峰先生查元人孟壽卿作。（忍字記跋）

于相公云：不似元人矩度，縣隔一層。信然！相公，東阿人，拜相。見朝後便殂。觀其所作筆塵，胸（中）涇渭了了。惜也不究厥施云。（司馬相如題橋記跋）

則慎行對於他的藏本必有「題識」或校記一類的東西，可惜除此清常引的二則外，均不可得見。

小穀為慎行子；明史及慎行墓誌銘均未述及。按道光（九年）重修東阿縣誌（卷十二）「恩蔭」裏有于緯，注云：「以父文定公蔭中書舍人，歷戶部主事，員外郎中，廣東雷州府知府。」正和清常一跋裏所云「中舍」相合。大約他和清常同在北平時，正官「中書舍人」。二人之出身很相同。清常也是以「恩蔭」出身的。同書藝文四（卷十八）葉向高穀城山館全集序云：

公沒，而孝廉（郭應寵）與公之子緯，申公遺指，余益愴然，因為之敘。

但于緯是不是即為于小穀呢？這裏還有一個強有力的證據。同書（卷十二）「封贈」裏，有于慎由，注云：「以出繼子緯貴。天啟間贈戶部郎中。」慎由為慎行弟。是慎行本無子，以弟之子緯為子也。緯為小穀之名，當可無疑。

小穀他自己對於戲曲有沒有什麼研究，我們已不可考知。但他的「藏本」，卻有許多經了清常的轉鈔而大顯於世。他也可以籍此而傳了。我很懷疑，凡清常鈔本裏，沒有注明來源，而且也不附有「穿關」的，大抵都是于氏的藏本。那麼，合計之，于氏的鈔本，殆有八十一種流傳於今了。「物常聚於所好！」山東于氏、李氏和清代的孔氏⑧⓪都是藏曲的大家。今所見的許多重要的曲本，殆多數源出於山東。

七

清常對於這些雜劇不單是鈔校而已。大約他在鈔校的工作完成了之後：——在把「內本」，「于小穀本」鈔錄完畢了之後——便把刻本的息機子元人雜劇選和古名家雜劇選拆散了，和那些鈔本合釘在一處，成為一百冊（或一百冊以上，但至少是一百冊）。(81)

他的排列的次序是依據於太和正音譜(82)的。故他也以馬致遠為首，而以費唐臣、王實甫、宮大用、關漢卿等繼之。其無名氏諸雜劇也依據著正音譜的次第。至於正音譜所不載的無名氏諸作，則統名之曰：「古今無名氏」，而以「類別」為次第。這次第，雖則歷經各收藏者之手均不曾拆散，或改易過(83)。也是園書目雖略有更動，像把單鞭奪槊一劇，改正為尚仲賢作；把周憲王諸作提前到明初丹邱先生之後等；但始終不曾改動了原書的次第。故原書的排列，與也是園書目略有前後次第不符處(84)。

清常在排列次第的時候，大約又依據了太和正音譜把這些雜劇的名目及作家們加以考證。故於原書的作者及劇名間附有考證、改動及注釋。大約他當初並不曾見鍾嗣成的錄鬼簿，(85)故一切皆以太和正音譜為依歸。直到了最後一年（萬曆四十五年）的十二月，方才見到他有援引錄鬼簿處。大約在這時候他方才見到了這部書。他在各劇的跋裏，每說明其校訂的工作的功力，像：

內本世本，各有損益。今為合作一家。（任風子跋）

於于小穀本與衆說不同處，亦每注明，像：

于本作費唐臣。（范張雞黍跋）

但以據正音譜者為最多。

太和正音作廉頗負荊。（澠池會跋）

太和正音名敬德降唐。（單鞭奪槊跋）

按在此劇封面裏頁，另有一人注道：

此尚仲賢所作，非漢卿。玄度誤認作敬德降唐，故目。

和也是園書目對照起來，知道這「注」大約出於錢遵王之手。

太和正音有伊尹扶湯，或即此，是後改今名也。然詞句亦通暢。雖不類德輝，要亦非俗品。姑置鄭下。再考。清常。（伊尹耕莘跋）

按鄭作伊尹扶湯，據錄鬼簿⑧⑥其全目為「耕莘野伊尹扶湯」似即此劇。

太和正音作無鹽破環。（鍾離春智勇定齊跋）

于元無名氏所作，也是全以正音譜的次第為次第的。

太和正音無名氏凡一百一十折此所編號依其次也。

在那裏，考證似尤詳。于原本作元羅貫中撰的龍虎風雲會，則寧據正音譜列入無名氏中。

太和正音作無名氏。

于其間，間有附以批評的意見，像：

萬曆四十三年乙卯二月二十九日晦日校內本。大約與諸葛亮掛印氣張飛同意。此後多管通一節。筆氣老幹，當是元人行家。（博望燒屯跋）

亦有直證「時本」之非者，像大婦小妻還牢末，跋云：

別作馬致遠，非也。依太和正音作無名氏。

此外，他的跋裏，可注意的地方還很多。茲滙刊數則於下：

劉玄德醉走黃鶴樓跋云：

錄鬼簿有劉先主襄陽會，是高文秀所作。意者即此詞乎？當查。

降桑椹蔡順奉母跋云：

太和正音作蔡順分椹。87

羅李郎大鬧相國寺（原作元張國賓撰）跋云：

太和正音無名氏。

馬丹陽度脫劉行首（原作元楊景賢撰）跋云：

太和正音作無名氏。

又注云：

太和正音作本朝人。

閥閱舞射柳蕤丸記跋云：

內本與世本稍稍不同，為歸正之。

包待制智斬魯齋郎（原作元關漢卿撰）跋云：

此本太和正音不收。

又於張公藝九世同居後跋云：

此後俱太和正音不收。

呂洞賓三度城南柳跋云：（原作元谷子敬撰）

太和正音作本朝。

在昇仙夢、菩薩蠻、玉梳記三劇題目上，並注云：

太和正音不載。

司馬相如題橋記跋云：

錄鬼簿有關漢卿升仙橋相如題柱，當不是此冊。四十五年丁巳十二月十八日，清常道人又題。

他跋中引錄鬼簿處，僅此則與醉走黃鶴樓跋而已；而作「跋」的時間則均為丁巳十二月（醉走黃鶴樓跋寫於十二月十九日）。可見他見到錄鬼簿必較太和正音譜遲得多。故前跋均未之及。他對於劇文亦間附批評，但不甚多，像女學士明講春秋跋云：

于小穀本錄校。此必村學究之筆也。無足取。可去。

雷澤遇仙記跋云：

錄于小穀本。此詞是學究之筆。丁巳仲夏端日。

王文秀渭塘奇遇記跋云：

于小穀本錄。此村學究之筆也。姑存之。時丁巳六月初七日。

慶豐門蘇九淫奔記跋云：

于小穀本鈔校。詞采彬彬，當是行家。

秦月娥誤失金環記跋云：

于小穀本錄校。大略與東牆記不甚相遠。

總之，他是一位很忠誠的校錄者；在他的「校改」上，很少見到「師心自用」的地方，有許多種雜劇，並不委之鈔胥，還是他自己動手鈔寫的。對於像這樣一位懇摯的古文化保存者、整理者，我們應致十分的敬意！

這一百冊左右的戲劇寶庫在清常死後便流落在人間。到底是即傳之錢謙益呢還是曾經過他人之手，今已不可知。但在這裏，我們發現了董其昌（自署思翁）⑱的四則跋云：

細按是篇與元人鄭德輝筆意相同。其誤以為無名氏作也。思翁。（百花亭跋）

崇禎紀元二月之望，偕友南下。舟次無眠，讀此消夜，頗得卷中之味。（孟母三移跋）

是集余於內府閱過，乃係元人鄭德輝筆。今則直置鄭下。（斧劈老君堂跋）

此種雜劇，不堪入目。當效楚人一炬為快。（慶賀元宵節跋）

這是一個謎。似乎在崇禎元年左右，這戲劇集曾經落在董其昌手裏過。這時，距清常之死已近五年。⑧⑨讀孟母三移跋，似董氏曾攜此書「南下」。到底他是借了清常的，還是借之牧齋的，還是他自己所獲得的，實是一個謎。難道是由他家再傳到牧齋手中的麼？而此書之曾經牧齋收藏則無可疑。牧齋得到清常的鈔校本書最多，此書自當在內。故當絳雲焚後，他把所有清常校本都送給了錢遵王時，此書也傳到了遵王手裏。（見上文）

牧齋在此書上不曾留下過什麼痕跡。遵王則曾鈔錄全目，列之也是園書目中，並曾略加排比過，而對於原書的次第則不曾改動。在三醉岳陽樓劇中有遵王手書三行，係補鈔原書的殘損處者。

對於此書用過很大的校勘工夫的，還有一位何煌。他在清雍正三年至七年間，曾用所得到的李開先⑨⓪鈔本元劇及開先舊藏元槧本的雜劇數十種，以校此書。他以朱筆密校此本與元槧本不同處。有的簡直是等於補寫了全劇。在他的跋文裏可見出他用力之劬：

雍正己酉（七年）秋七夕後一日，元槧本校。中缺十二調，容補錄。耐中。（范張雞黍跋）

雍正乙巳八月十日用元刻本校。（單刀會跋）

雍正三年乙巳八月十八日，用李中麓鈔本校，改正數百字。此又脫曲廿二，倒曲二，悉據鈔本改正補錄。鈔本不具全白。白之繆陋不堪，更倍於曲，無從勘正。冀世有好事通人，為之依科添白。更有真知真好之客，力足致名優演唱之，亦一快事。書以俟之。小山何仲子記。（王粲登樓跋）

用李中麓所藏元槧本校訖了。清常一校為枉廢也。仲子。雍正乙巳八月二十一日。（魔合羅跋）

雍正乙巳八月二十六日燈下，用元刻校勘。仲子。（冤家債主跋）

下面一則，雖不曾署名，卻確知其亦必出於仲子手筆：

經俗改壞，與元刻迥異，不可讀。（疏者下船跋）

他的校勘的重要處，便是得到李開先舊藏元槧雜劇91及其他鈔本，可惜他所校的種數並不多。

蕘圃以下，諸收藏家，都祇是「抱殘守闕」，92對於原書並不曾有什麼變易。故我們可以說：原書的面目在大體上還是三百二十多年前清常鈔校併手訂的原來面目。

我們對於元明雜劇的研究，因了這部重要的宏偉的戲劇寶庫的發現，而開始覺得有些「定論」；特別重要的是，許多明代「內本」，——即元曲選所依據的「御戲監」本——的存在，頓令人有煥然一新耳目之感。

誰知道呢：黃蕘圃時代，汪閬源時代所佚去的本書若干冊93也許還會出現於世吧；晁氏寶文堂，祁氏讀書樓所藏的若干元明雜劇，也許也還會出現於世吧！我們不敢說：這是不可能的事。

關於本書所有的「穿關」及「賓白」二點，對於元明雜劇的研究者是很重要的問題；又本書各劇「提要」，我也已隨筆記錄得頗詳；將繼續此文而更將有所論述。

作者　民國二十九年十月十七日寫畢

附錄一　黃蕘圃題識

余不善詞曲，而所蓄詞極富。向年曾見蔡松年詞，金刊本，因其未全，失之交臂。後為抱沖所得。蓋其時猶於古書未能篤好，不免有完缺之見存也。嗣後收得詞本極多。宋刻單行詞本，一冊都無。元刻如蘇辛，極古矣。外此，若毛鈔舊抄名校都備。往因欲得宋本太平御覽，而無其資，始有去詞之意。其目稍稍散出。有杭人某，幾幾乎欲全得去。幸勉力購得御覽，以他書易之而酬其半直。詞本可保守勿失。至曲本略有一二種，未可云富。今年始從試飲堂購得元刊明刻舊鈔名校等種，列目如前。即欲買詞之杭人亦曾議並售去。今詞議未成而曲更勿論。因思毛氏云：李中麓家詞山曲海無所不備。而余所藏培塿溝渠也。然世之好書者絕少。好書而及詞曲者尤少。或好之而無其力，或有其力而未能好之。即有力矣，好矣，而惜錢之癖與惜書之癖交戰而不能決。此好終不能專。余真好之者也。非有力而好之者也。故幾幾乎得而復失。皆絀於力以致未能伸所好也。茲幸矣！幸世之有力而不能好者，得遂余之無力而卒能好者也。擬裒所藏詞曲等種，滙而儲諸一室，以為學山海之居。庶幾可為講詞曲者卷勺之助乎？甲子冬十一月二十有八日讀未見書齋主人黃丕烈識於百宋一廛之北窗。

附錄二　丁祖蔭跋

初我曾見我虞趙氏舊山樓藏有此書，假歸，極三晝夜之力展閱一遍，錄存跋語兩則。卷首尚有所謂元刊明刊雜劇曲目，又也是園藏書古今雜劇目，（並注明闕失。案也是園原目除重複外係三百四十種，蕘圃所存為二百六十六種，實闕七十四種。）古名家雜劇目錄，（分文行忠信四集。）刻元人雜劇選目錄，待訪古今雜劇存目（以上四目劇本，俱也是園目所載，為此書所闕。並也是園原目朱筆標著其次第。）及汪氏錄清現存目錄十四紙，（依此書之次第另錄之，實存二百三十九種，又闕二十七種。）時促不及詳錄，匆匆歸趙。曾題四絕句以誌眼福。雲煙一過，今不知流落何所矣。擲筆為之嘆息不置。

容臺脉望小神仙，（清常詩集名容臺小草，藏書目曰脉望館。）炳燭丹黃待漏前，（此本係清常官刑部郎時所校，卷尾常有四鼓待漏校完之語，兼及時事。）點出盛明新樂府，神宗皇帝太平年。

武康山下鬼聲哀，也是園中歷劫來。何事明珠遺百一，不隨滄海月明回。（轉入士禮居、藝芸精舍時遞佚曲百一種矣。）

未諳音律老蕘翁，（黃跋云然）甲乙分題篋衍中。（蕘圃手錄元刊本古今雜劇三十種目於冊首，案即今上虞羅氏所刊本，序云手題篋面曰乙編，則此必為甲編也。）此是清常編定本，縱然異曲亦同工。（羅刊三十種序云，不知編者名姓。）

詞山曲海（亦跋中語）等塵沙，散入黃汪又趙家。莫向春風箋燕子，更誰解唱後庭花！（見國立北平圖書館月刊第三卷第四號丁初我黃蕘圃題跋續記一文中。）

注釋：

①臧晉叔元曲選實際上只選了元人雜劇九十四種（其中還有可疑的在內），餘六種

為明人作。

②古今雜劇柳枝集選劇三十種，古今雜劇酹江集選劇二十六種，餘有崇禎原刊本、孟氏批語，幾乎每劇必提及臧選。文字有異同處，必註出「從原本改」云云。

③息機子古今雜劇選共三十種，萬曆二十六年刊本。尊生館主人刻陽春奏共三十九種，萬曆三十七年刊本。古名家雜劇選及新續古名家雜劇選相傳為陳與郊所編刊；今如乃為龍峰徐氏所刊。共四十種，又「新續」二十種，但實際上不止此數。見後。顧曲齋刻雜劇今知有十八種。童野雲刻元劇見羅氏續滙刻書目。繼志齋刻元劇，海寧趙氏曾得其所刊漢宮秋一種。

④均見殘本之古名家雜劇選，南京國學圖書館藏；曾付之影印，名元明雜劇二十七種。

⑤金貂記有富春堂刊本，北平圖書館藏。

⑥西遊記雜劇有日本刊本，世界文庫本。

⑦丁氏所藏捉袁進等二劇，在未歸國學圖書館時，王國維曾見到過。

⑧元刊雜劇三十種原為上虞羅氏藏本。日本帝國大學曾借印出版（紅印本）；又有上海石印本。（有王國維敘錄。）

⑨這十七種是：（一）關張雙赴西蜀夢；（二）閨怨佳人拜月亭；（三）關大王單刀會；（四）詐妮子調風月；（五）好酒趙元遇上皇；（六）尉遲恭三奪槊；（七）風月紫雲庭；（八）李太白貶夜郎；（九）晉文公火燒介子推；（十）東窗事犯；（十一）霍光鬼諫；（十二）嚴子陵垂釣七里灘；（十三）輔成王周公攝政；（十四）蕭何追韓信；（十五）諸葛亮博望燒屯；（十六）張千替殺妻；（十七）小張屠焚兒救母。

⑩元刊雜劇三十種中，作「大都新編」或「大都新刊」者四，作「古杭新刊」者七。餘皆作「新刊關目」或「新刊的本」字樣。其中賓白多略去，猶可見元人刊劇之面目。

⑪誠齋樂府三十一種，幾乎每種劇目下皆注明「全賓」二字；誠齋樂府有奢摩他室曲叢本。（僅刊二十五種，未全。）

⑫「全賓」是指「說白」完全，並不刪節之意。可知當時刊雜劇者每每刪節「賓白」；有「全賓」者反須特別標出。

⑬王國維元刊雜劇三十種敘錄云：「題曰乙編則必尚有甲編；丙丁以降亦容有之。」

⑭按黃蕘圃藏書，凡宋元版以甲、乙別之。宋版為「甲」，元版為「乙」。此「乙編」蓋指係元版而言。

⑮李開先張小山樂府序云：「洪武初年，親王之國，必以詞曲千七百本賜之。」

⑯永樂大典目錄卷五十四，原闕十五至十六兩頁，故雜劇一及二的二卷，恰在所闕之中。餘所見諸本大典目錄均同；不知是否脫葉或原闕未刊。

⑰有明季鈔本，凡六冊，北平圖書館藏。

⑱寶文堂書目三卷，有明鈔本。又見於北平圖書館月刊第三卷。

⑲也是園書目有鈔本（北平圖書館藏），玉簡齋叢書本。

⑳季滄葦書目有黃丕烈刊本；掃葉山房石印本。

㉑曲錄有重訂曲苑本（未定稿），晨風閣叢書本，及王忠愨公遺書本，所錄元明雜劇部分，除據錄鬼簿、太和正音譜外，幾全據也是園書目。

㉒脉望館書目有玉簡齋叢書本，又涵芬樓秘笈本。

㉓據玉簡齋叢書本脉望館書目所引。

㉔明宦官劉若愚酌中志記其父，稱先將軍應祺為趙公用賢門生；又稱公長子琦美為先將軍契友，若愚以父執事之，嘗為同僚。錢謙益初學集刑部郎中趙君墓表：君天性穎

發，博聞強記。欲網羅古今載籍，甲乙銓次，以待後之學者，損衣削食，假借繕寫三館之秘本，兔園之殘冊，刓編嚙翰，斷碑殘壁，梯航訪求，朱黃讎校，移日分夜，窮老盡氣，好之之篤摯與讀之之專勤，近古所未有也。官南京都察院照磨，修治公廨，費減而工倍。君曰：吾取宋人將作營造也。（按也是園書目後序云：趙玄度初得李誡營造法式，中缺十餘卷，遍訪藏書家，罕有蓄者。後於留院得殘本三冊，又借得閣本參考。而閣本亦缺六七數卷。先後搜訪，竭二十餘年之力，始為完書。圖樣界畫，最為難事。用五十千，命長安良工，始能措手。今人巧取豪奪，溝澮易盈，焉知一書之難得如此。）丞太僕，印烙之事，人莫敢欺。君曰：吾自有相馬經也。

㉕錢謙益，常熟人，字受之，號牧齋，明萬曆進士。官至禮部侍郎。坐事削籍歸。福王時，召為禮部尚書。清初，為禮部右侍郎，旋歸鄉里。曹溶絳雲樓書目題詞：「虞山宗伯生神廟盛時，早歲科名交游滿天下。盡得劉子威錢功父楊五川趙汝師四家書；更不惜重資購古本。書賈奔赴捆載無虛日。用是所積充牣，幾埒內府。」

㉖錢曾讀書敏求記楊炫之洛陽伽藍記條：「清常歿，其書盡歸牧翁。武康山中，白晝鬼哭。嗜書之精爽若是。伊予腹笥單疏，囊無任敬子之異本，又何敢廁於墨莊藝圃之林。然絳雲一燼之後，凡清常手校秘鈔書，都未為六丁取去。牧翁悉作蔡邕之贈。」按

章鈺敏求記校證云：「崇禎九年，常熟人張漢儒疏稿訐謙益，見刑部郎中趙玄度兩世科甲，好積古書古畫，價值二萬金，私藏武康山內。乘其身故，欺其諸男在縣，離隔五百餘里，罄搶四十八櫥古書歸家，以致各男含冤，焚香咒詛。」此說似未必可信。謙益初學集有刑部郎中趙君墓表，於琦美備致讚頌，未必於趙氏諸男有隙，且舉趙氏鈔校本書悉以贈諸遵王，則當初似亦未必奪諸趙氏也。然趙氏藏書悉歸謙益，則為事實。

㉗錢曾字遵王，謙益族孫嗣美子。謙益嗣美墓誌銘云：「從孫嗣美好聚書，書賈多挾策潛往。余心喜其同癖，又頗嗛其分吾好也。嗣美名裔肅，萬曆乙卯，以春秋舉。子四人，次名曾。曾好學，藏書益富。」遵王寒食夜夢牧翁詩自注云：「絳雲一燼之後，所存書籍，大半皆趙玄度脉望館校藏舊本，公悉舉以相贈。」

㉘天祿琳琅書目：振宜字詵兮，號滄葦，揚州泰興人，順治丁亥進士，授蘭溪令，歷刑戶兩曹，擢御史。錢曾述古堂書目（粵雅堂叢書本）序云：「丙午丁未之交，胸中茫茫然，意中惘惘然，舉家藏宋刻之重複者折閱售之泰興季氏。」

㉙士禮居刊本；又民國三年掃葉山房影印士禮居本。

㉚見季目第四十三葉。

㉛藏書紀事詩（四）：「煌字心友號小山，嘗自署何仲子。」按煌為何焯弟，長

洲人。

㉜同治蘇州府誌：黃丕烈字紹武，乾隆戊申舉人。喜藏書。購得宋刻百餘種。學士顧蒓顏其室曰百宋一廛。王芑孫黃蕘圃陶陶室記云：今天下好宋版書，未有如蕘圃者也。蕘圃非惟好之，實能讀之。於其版本之後先，篇第之多寡，音訓之異同，字畫之增損，及其授受源流，繙摹本末，下至行幅之疏密廣狹，裝綴之精粗敝好，莫不心營目識，條分縷析。積晦明風雨之勤，奪飲食男女之欲，以沉冥其中，蕘圃亦時自笑也。故嘗自號佞宋主人云。

㉝同治蘇州府誌：「黃丕烈藏書歸長洲汪士鍾。黃丕烈郡齋讀書志序：閬源英年力學，讀其尊甫厚齋先生所藏四部之書，以為猶是尋常習見之本，必廣搜宋元舊刻以及四庫未采者。於是厚價收書。不一二年，藏弆日富。」潘祖蔭藝芸書舍宋元本書目跋：「閬源父厚齋，名文琛，開益美布號，饒於資。其藏書印曰：民部尚書印。又有三十五峰園主人印。」

㉞趙烈文，陽湖人，字惠甫。官易州知府。中歲解組歸。寓居常熟。覃精金石。有天放樓集。

㉟據黃蕘圃手鈔「待訪古今雜劇存目」凡七十一種。

㊱「宣」誤，應作「宦」。

㊲「度」誤，應作「慶」。

㊳按此數字係根據丁初我跋；實應作「二十六種」。

㊴此劇實存，未闕佚。已見於關漢卿所著劇中；殆以其目錄與實際次第排列不同，故致兩歧。

㊵與現存之史九敬先老莊周一枕蝴蝶夢不知是否同一劇。

㊶按實應作一百零二種。

㊷丁初我跋云：「實存二百三十九種」；蓋以趙禮讓肥等復見之雜劇，均剔除不計也。在實際上復見之雜劇不止三種。見後。

㊸今有通行本者以※為記。以下除所得為鈔本外，概不另注。

㊹按此劇實為周憲王作；息機子誤署馬致遠名。

㊺「臺」，元曲選作「堂」。

㊻按此劇實為尚仲賢作；脉望館主人誤為即是敬德投唐，故闌入關氏所著諸劇中。

㊼按此劇為羅貫中作。

㊽按此劇為楊梓作。

㊾按此劇為曾瑞撰。

㊿按此劇原作「無名氏」，黃目改正作孫仲章撰。

51按此劇為楊梓撰。

52按此劇為蕭德祥作。

53按此劇為李致遠撰。古名家雜劇選作馬致遠撰，誤。

54按此劇為王曄撰。

55按此劇為朱凱撰。

56按此劇為劉唐卿撰。

57按此劇為張國賓撰。

58按此劇為楊景賢撰。

59按此劇為李唐賓撰。

60按此劇為武漢臣撰。

61按此劇元曲選作關漢卿撰。

62原刊本附108玉通和尚罵紅蓮後，二劇連刊，並不分頁，不知何故。案樂府考略（即曲海總目提要）以度柳翠為王實甫作；今此劇既與元曲選本全異，則度柳翠二本，其一或有為王實甫撰的可能。惟未知考略何據耳。

(63)劇後原附月明和尚度柳翠。

(64)按七種均非無名氏所作。１０５、１０６二劇為葉憲祖撰；１０７至１１０四種為徐渭撰，即四聲猿；１１１為馮惟敏撰。

(65)按此劇亦見於雜劇十段錦，為陳沂撰，不知如何闌入憲王雜劇中。千頃堂書目憲王雜劇全目中實無此劇。

(66)以下各劇除１３８司馬相如題橋記一種為刻本外，餘均為鈔本，不一一注出。

(67)按此劇別有雜劇十段錦本。

(68)與４６復見。

(69)與７６雁門關存孝打虎復見。

(70)按此劇為元張國賓撰。

(71)按此劇即緋衣夢。（與２１復見）

(72)按此劇為明周憲王撰。

(73)按此劇為周憲王撰。

(74)按此劇與８５復見。

(75)按此劇為元高文秀撰。

(76)按此劇為周憲王撰。

(77)西江祝嘏有江西原刊本。

(78)見續滙刻書目及文學季刊第二期。

(79)見明史卷二百十七。

(80)山東孔氏藏曲近來出現者不少，吳興周氏所藏寶劍記等即出於其家。

(81)這有季滄葦書目可證。

(82)太和正音譜二卷有明洪武刊本，有涵芬樓秘笈本。有明萬曆間張孟奇刊本（易名北雅）。

(83)見也是園書目及原書首冊所附黃蕘圃手鈔「目錄」。

(84)也是園書目改動原書次第的地方僅只這二處。

(85)錄鬼簿有明藍格鈔本；（今有複印本）楝亭十二種本；王國維校注本，馬廉新校注本。

(86)據明藍格鈔本錄鬼簿。

(87)按清常初僅見正音譜，故不知此劇為劉唐卿作。正音譜所載唐卿劇，僅有麻地傍印一種。（明藍格鈔本錄鬼簿同）但各本錄鬼簿則均有此劇。

⑧⑧董其昌，華亭人，累官南京禮部尚書，卒謚文敏。其書畫為明末之冠。有容臺集。見明史卷二百八十八。

⑧⑨按清常卒於天啟甲子（四年），見趙氏「家乘」。（玉簡齋叢書引）

⑨⓪李開先，山東章丘人，字中麓，曾與王九思相酬答。有集及寶劍記傳奇。

⑨①按仲子所謂「元刊雜劇」即今傳之「元刊雜劇三十種」。但在仲子提到之前，我們都不知是李開先舊藏。

⑨②黃蕘圃於手鈔原書目錄外，並編有「待訪古今雜劇存目」，而於他所藏元刊本及明刊本（息機子本及古名家本）中，有收載者並加注於下，可謂愛護此書之至。

⑨③兩次約佚去三十冊至四十冊之間。第一次佚闕的時間，大約是在雍正至嘉慶間。（蕘圃跋作於嘉慶九年）第二次大約是在嘉慶道光間。（由黃氏轉入汪氏手時）時代都比較的不遠，似有「尚在人間」的可能。

清代文集目錄序

予收書始於詞曲小說及書目。繼而致力於版畫，遂廣羅凡有插圖之書。最後乃動博取清代文集之念。自壬午至甲申，予幾無日不閱市。每見清人集，必挾之以歸。時或數日不得其一，亦有一日而獲得數種，乃至十數種。不問美惡精粗，但為予架上所無者，則必收之。予初亦間致清集，所得約二三百種。然大抵必取所喜者，若魯巖所學集、懸榻編諸書。惜今皆燬於兵火矣。此三年間，則無所不取，而尤著意於嘉、道二朝所謂樸學家之文集，惜入手已遲，佳者極不易得。即七八年前俯拾即是之敬孚類稿、肩齋文集等，今亦須博訪南北各肆而始得之。憶大變方起，北估紛集申江，日以賤值獲精品。積學齋徐氏所藏清集二十餘箱，亦為彼輩捆載而北。而友人陳乃乾先生所藏清集二三百種，竟以千數百金斥去。其中當時即詫為罕見之物，不在少數。而予皆交臂失之。及今

10550

台北市南京東路四段25號10樓之1

網路與書股份有限公司台灣分公司　收

廣告回信
台灣北區郵政管理局登記證
北台字第15343號

地址：

市　鄉／鎮　路　段　巷　弄　號　樓

縣　市／區　街

（請寫郵遞區號）

Net and Books 網路與書

讀者服務卡

謝謝您購買本書！

如果您願意收到網路與書最新書訊及特惠電子報：

— 請直接上網路與書網站 www.netandbooks.com 加入會員，免去郵寄的麻煩！

— 如果您不方便上網，請填寫下表，亦可不定期收到網路與書書訊及特價優惠！請郵寄或傳真 +886-2-2545-2951。

— 如果您已是網路與書會員，除了變更會員資料外，即不需回函。

— 讀者服務專線：0800-322220；email: help@netandbooks.com

姓名：＿＿＿＿＿＿＿＿＿＿ 性別：□男 □女

出生日期：＿＿年＿＿月＿＿日 聯絡電話：＿＿＿＿＿＿＿＿

E-mail：＿＿＿＿＿＿＿＿＿＿＿＿＿＿＿＿＿＿＿＿

您所購買的書名：＿＿＿＿＿＿＿＿＿＿＿＿＿＿＿＿

從何處得知本書：1.□書店 2.□網路 3.□網路與書電子報 4.□報紙 5.□雜誌 6.□電視 7.□他人推薦 8.□廣播 9.□其他

您對本書的評價：

(請填代號 1.非常滿意 2.滿意 3.普通 4.不滿意 5.非常不滿意)

書名＿＿＿ 內容＿＿＿ 封面設計＿＿＿ 版面編排＿＿＿ 紙張質感＿＿＿

對我們的建議：＿＿＿＿＿＿＿＿＿＿＿＿＿＿＿＿＿＿

念及，可勝慨惜！然三年來專心一志之所獲，亦有足一述者。壬午初春，上海孫某書散出，為蘊華閣所得。予以半月之力，擇取清代文集百許種。然絕無佳者。癸未春，吳縣胡玉縉書售出，予托郭石麒得其二十許種，而精品皆為孫賈實君所取，已徑行北運。予見其目，乃亟購置之。價已昂數倍，孟陔堂文說至千金，琴士文鈔亦耗三百金，小石渠閣文集竟須二百金。然均不能不節衣縮食以得之。後揚州何氏、無錫丁氏諸家藏書散出，予皆有所得。其間零星購於各肆者，亦不下三四百種。甲申春，孫賈助廉先後為予致六七十種。夏初，孫賈實君為予致五六十種。綜前後所得，凡八百數十種。於是予所藏清代文集，粲然可觀矣。凡此皆予三年間心力所結聚者也。待訪未得者，尚有五十許種。然諸大家、諸樸學家之作，應備者則大略已具備之矣。今日書值日昂，春初較之去歲，已增數倍。入夏以來，復增數倍。前之以三百金得孟亭居士集者，今則八倍之尚不易得。前之以八百金得學福齋集，自以為豪舉。今則五倍之而尚不以為昂。予力已殫，今後恐不易更有所增益矣。暑間多暇，杜門不出。遂發篋陳編，滙為一目，以自省覽。予之不收詩集而專取文集者，蓋以詩集多不勝收，清新之作少，而庸腐之篇則充棟汗牛。文集固亦有濫竽充數者，而大體則都為有用。或富史料，或多考訂之作。而治經子金石文字者，尤多精絕之言，為我人所不能不取資者。晚清諸家集，亦足以考見近百年來之世變，往往為予晚清文選所未收。續選有日，必將據此成編。而專治一經一史或一專門之學者，其亦必將有取於斯無疑也。輯序跋，則可自成一書；輯碑傳，則可補繆、閔諸集；收詁經之文，則可成一弘偉之詁經文鈔；錄論史之作，則可集為史學史之資料。大抵竹頭木屑，無不有用。予之致力於斯，殆為後人任其艱辛耳。世變方殷，劫火未燼，念集之之不易，乃不能不慮及保存之方。世有同心者，其將有感於斯而合力協謀之歟？但願不至目在書亡，為他日無窮之憾耳。

中華民國三十三年八月九日序

清代文集目錄跋

右清代文集八百三十六種，皆予二十餘年來所纍積而得者。「一・二八」之變，儲於申江東區之書，胥付一炬，而清集十去其七八。凡此目所著錄者，十之八九，皆為壬午以後三年中所補購。此三年中，志不旁騖，專以羅致清集為事。三年心力，畢耗於斯，而財力亦為之罄焉。力所不及，則縮食節衣以赴之，或舉債以償之，或售去他書以易之。案頭嘗置北平圖書館編印之清代文集篇目索引一冊。有所得，必就冊上識之。冊中所無者，則別錄一目。暑中閉戶索居，乃錄一清目以自省覽。綜計清集索引所收者，予已獲得十之七八，而溢出索引外者，則在四百八十種以上。他日當復可據予所得，編印一索引續編也。夫清集之收集，似易而實難。在清末民初易，在今日則難。而專收文集則尤難。今日遍索南北各坊肆，有能得文集二三百種者乎？即集一百種，恐亦未易。

予嘗持一單訪於各肆。單中物凡九十餘種，而耗時一月有餘，遍歷諸肆，所得尚不及七八種。即數年前，塵封架上。無人顧問之小倉山房文集、西陂類稿諸書，一舉目可得數部者，今則都不復見。可知集此八百三十許種，誠「若有天幸」也。亦往往得之無意中。沈欽韓幼學堂集，藏書家素目為難得之書。每獲睹一部，必競收之。然藏此者，海內亦不過寥寥三數家耳。予今歲乃不意於一已停業之古書肆得之，為之狂喜數日。何紹基東洲草堂文鈔，向來最罕見。後邃雅齋至楚刷印十數部歸，散售南北。今則復珍為難得之物矣。許印林攀古小廬文，僅一冊刊於光緒間。日本嘗複印之。然今則複印本與原本同不易收。而原本附有續編，尤稱奇珍，為價幾等清季之宋版書。陳鱣簡莊文鈔凡三刻。今原刻本固難得，而光緒間羊氏刻本附有續鈔者，亦自罕遇。王宗炎晚聞居士集凡二刻。予嘗失收一翻印之活字本，後終得一道光原刻本，自詫為幸事。丁壽昌睦州存稿，欲見不得者久矣。去歲，書友徐紹樵至江北收書，乃為予獲之。馮偉仲廉文鈔刊於道光間，蔣學鏞樗庵存稿刊於嘉慶癸酉，倪模迂存遺文刊於光緒間，皆訪之已久，而後於無意中次第收入。張鑒冬青館集有嘉業堂刊本，予遲遲未之收。然倉卒間欲得其一，卻亦不易。去歲偶過某肆，乃於其架上獲得一道光原刊本。猶是未裝成冊之最初印本也。大抵清初諸遺老集，目最難求。而道光一代所刊者，以中經太平天國之變，往往刊成即毀於兵，亦多可遇而不可求。即同光以來所印者，似易得矣。而亦每以所印無多，毀棄最易，反較乾嘉諸通行文集為不多見。而乾嘉道諸樸學家集，除戴段諸家刻本多而易得外，若程瑤田通藝錄，（今安徽叢書收之）沈彤果堂集，趙垣保甓齊集，趙一清東潛文稿，邵晉涵南江文鈔，沈豫芙村文鈔，金鶚求古錄禮說，法式善存素堂集，趙紹祖琴士文鈔，胡賡善新城伯子集，彭元瑞恩餘堂輯稿，黃汝成袖海樓雜著，沈大成學福齋集，洪樸、洪榜二洪遺稿，魯九皐山木居士集，盛大士蘊愫閣集諸書，皆是可遇而不可求之物。至今，王鳴盛西莊始存稿，胡承珙求是堂集，宋翔鳳樸學齋集諸書，予猶懸目待訪焉。古書日少，劫火方紅。前之不易得者，今固尤甚。而前之易得者，今亦成為難見之書矣。清目寫成，循讀一過，念集之之艱辛，頗自珍惜。而為力所限，每不能講求版本。（講求清代刊本之版本學，今尚無其人。）但取其易致，但求其豐富，往往不復計及其為原刊初印者與否。牧齋初學、有學二集，梅村家藏稿諸書，以已收入四部叢刊而未取。袖海樓雜著以已有北平新印本，嘗見一原刊本而未留。章氏叢書則但收古書流通處影印本，而未求浙江書局刻本。義門集亦為坊間印本。但以應用為主，不復奢求。然坊本後印本，亦每有較原刊初印本所收為多者。小倉山房文集袖珍本，即較乾隆刊本多出數卷。羊氏刊簡莊文鈔，亦較原刊本簡莊綴文多出續編二卷。湖北刊本變雅堂集，亦較康熙原刊本收文為富。我輩收書原為致用計，不能若藏書家之專事羅集古董也。惟歷年所得，亦未嘗無佳本精刊。二洪遺稿近有北平石印本。然予所收則為原刊本。董文友集、王昆繩集均為康熙原刊本。譚瑩樂志堂集，清集索引僅收文略四卷，予則並有文集十八卷。其他善本，亦不在少數。此但可為知者道耳。又清人文集每有未刻單行本而但在叢書中者，或單刊本不易得，而叢書中卻收之者。予每為致一文集，卻不得並致一家之叢書。蔣侑石問奇室文集一卷，在遺書中。崔東壁無聞集亦在遺書中。他若鄒叔子、鄒徵君、寧都三魏章太炎諸家，皆不能不因其文而致其全集。張成孫端虛勉一居文集蔣彤丹棱文鈔，單刊本最罕見。曾收入常州先哲遺書後編中。然常州先哲後編印行不多，亦難覓得。嘗於修文堂見到一部，索一萬三——四千金。躊躇半月，方思得之，而已歸他人有矣。稍縱即逝，遺憾無窮。今復欲得其一，恐非大費周章不可矣。孫助廉嘗為予言：有開花紙本納蘭容若通志堂集，欲售二千餘金。亦以無力，致當時未收。及再詢之，則已售去矣。吳榮光石雲山人全集、馮登府石經閣集亦均幾得之，而中途為人奪去。北方書友某云：有胡承珙求是堂集，索五百金，亟向之收得，則為詩集非文集也。吳槎客拜經樓原刊愚谷文存正續編，嘗於漢學書店架上見之。偶大意未取。數日後再過之，則已為人購之矣。幸後終得愚谷文存續編，足以稍慰。愚谷文存收入拜經樓叢書中，較易得。似此一意求書，大類愚公移山，精衛填海。書可盡得乎？

求一類之書，其難尚如此，況講大舉收藏乎？予素志恬淡，於人世間名利，視之蔑如。獨於書，則每具患得患失之心。得之，往往大喜數日，如大將之克名城。失之，則每形之夢寐，耿耿不忘者數月數年。如此書癖難除，積習不銷，思之每自笑，亦復時時覺自苦也。滄海橫流，人間何世，賴有「此君」相慰，乃得稍見生意耳。則區區苦辛營求之勞，誠不足道也。

三十三年九月三日，寫畢清目

中國版畫史序

我國版畫之興起，遠在世界諸國之先。歐洲之版畫，為德荷二國所創，始施於博戲之紙牌上，並以刻印聖經圖像。時約在西曆一千四百年左右（當我國永樂初）。日本之浮世繪版畫則盛於江戶時代（當我國萬曆至同治間）。獨我國則於晚唐已見流行。迄萬曆、崇禎之際而光芒萬丈。歙人黃劉諸氏所刊，流麗工致，極見意匠。十竹齋所刊畫譜、箋譜則纖妙精雅，曠古無倫，實臻彩色版畫最精至美之境。其時歐西木刻畫固猶在萌芽也。世人唯知有芥子園畫譜。日本版畫家與畫人所奉為規臬者亦唯此譜是尚。不知在我國版畫史上，此譜並非最上乘之作。近數十年來，歐美之研究美術者，每重視日本之浮世繪版畫。唯日人獨能廣搜我國諸畫譜，傳刻於世。大村西崖校輯圖本叢刊，所收若蘿軒變古箋譜及顧氏古今名公畫譜等書。俱為我國版畫名作。黃鳳池唐詩畫譜，與十竹齋、芥子園諸譜，日本亦均有傳刻本。中國畫作風之有大影響於日本畫者，諸畫譜之流行蓋與有力焉。近者，德人亦稍知留意我國之版畫。衛禮賢（Richard Wilhelm）主編之中國雜誌（*Sinica*,德國China-Institut,Frankfurtam出版）其中數冊，嘗附有北平刊印之詩箋一二幀。見者每為神往。蓋初睹恬淡悠遠之作風，以寥寥數筆，具無窮意態，大足一滌日本版畫金碧繁碎之感。夫以和柔溫潤之國紙，拓印木刻畫，實最足表達刀法與筆鋒。魯迅先生嘗以宣紙貽蘇聯版畫家，試拓數十箋，果神采煥然。持以與使用西方粗澀堅僵之紙所拓出者相較，其效果迥異。日本版畫，工致有餘，然終遜我國作品之溫柔秀麗者，與其拓紙之剛硬，蓋亦有關焉。惟世人畢竟罕知我國版畫在美術史上之重要地位，亦無留意及其發展之過程者。於我國明清之際，版畫之黃金時代作品，尤少述及。蓋以斯類作品，至不易得。歐美人所得者大都為坊間至劣極醜之翻刻本，僅具物形，全無意態。而十竹齋、芥子園諸譜，亦往往為再四翻版，色彩全非之陋本。無怪彼輩之忽視矣。嘗與友輩談及，斯類陋本，徒災梨棗，且貽國羞。我輩若有刊刻，於躬親督印之本外，必將原版毀去，決不任坊賈草率重印也。George T.Candlin所著中國小說（*Chinese Fiction*，美國The Open Court Publishing Company,Chicago,1898出版）中附之插圖，均取諸清代翻刻之三國西遊俗本。Laurence Binyon所纂輯之*Catalogue of Japanese and Chinese*

Woodcuts in the British Museum（London,1916）亦以日本版畫為主，而以我國作品為附庸；其所收者亦均非第一流之作。夫以世界版畫之鼻祖，且具有一千餘年燦爛光華之歷史者，乃竟為世界學人忽視、誤解至此，居恒未嘗不憤憤也！二十餘年來，傾全力於搜集我國版畫之書，誓欲一雪此恥。所得、所見、所知，自唐宋以來之圖籍，凡三千餘種，一萬餘冊，而於晚明之作，庋藏獨多；所見民間流行之風俗畫、吉祥畫（以年畫為主），作為飾壁與供奉之資者，亦在千幀以上。其作風之獨特雄奇，固與西洋版畫面目全殊，亦與日本之浮世繪版畫不同。往往富於清逸之詩趣，醇厚之餘韻，而不屑屑於表現人間之醜惡，尤忌窮形盡態之現實描寫。蓋具有古典之健全美者。或清麗瀟灑，若雲林之拳石小景；或雋逸深遠，若米家之山水畫軸；或娟娟若臨流自媚之水花；或幽幽若月下獨奏之洞簫；或恬靜若夕陽之明水；或豪放若天馬之行空；或精緻細膩若天方建築之圖飾；或疏朗開闊若秋空午日之晴明。即寫壯士赴敵，忠臣就義，嫠婦夜泣，孤子啼血，乃至寫樊噲之臨鴻門宴，劉先主之跳澶溪，高漸離之擊筑，段秀實之舉笏，雖寓豪放雄邁之意，而終鮮劍拔弩張之態。甚至描春態，寫戀情，亦溫柔敦厚，適可而止。蓋純為古希臘Praxiteles輩雕刻之同型，具美好鎮靜，康健晴明之極致者。而其雕鏤之技術，則縱橫如意，無施不宜；有剛勁若鐵者；有柔和若絲絹者。或細針密刺若宋明之錦

繡；或點粒凸起，界畫分明若立體之建築。或花采重疊，繁瑣精麗，而無損畫面空間之布置；或疏朗稀闊，遠水孤山，而不失深遠無窮之意致。大凡皆足以表現東方藝術之品格與精神。John Ruskin在牛津大學講述「雕刻術」，成*Ariadne Florentina*一書，評版畫之旨趣最精，謂版刻之術，有萬不及繪畫之美好者在。蓋以刀，以版，以線條所成之作品，往往是素描，僅能表現對象之要點。然唯此，亦使作者輩慣於把捉事物之特點，而以選要之刀法表現之，與素描之功果無殊。是故，繪畫有可藏拙者，而版畫則一目瞭然，不精美則必塵俗無可稱。我國版畫諸名作則固皆精雅絕倫者也。且我國繪畫本以線條為主，故尤易重現於木刻中。重要作品之複製版畫者每不至損及原畫之精神；蓋非僅重描摘繪，存形遺神也。若劉榮湯尚輩之刻蕭尺木太平山水圖畫，黃子立之刻陳老蓮博古頁子，與原作幾累粟不殊。而太平山水圖畫於原作筆觸圓融，點畫纖致處，尤曲盡其妙；粗視之，殆不類刊木。博古頁子凡四十八圖，「計樹之老挺疏枝秀出物表者得二十七；小几大案之張，漢瓦秦銅之設，其器具得五十八；衣冠矜飾，備鬚眉橫姿態而成人物者得百四十有九；一切牛羊狗馬之類不計焉。列子謂宋人刻沐猴棘端，紀昌以燕角之弓，掤蓬之箭，射虱貫心而懸不絕。噫，人皆以為寓言耳。請觀博古牌，世豈乏此手此眼哉！」（唐九經博古頁子序）我國版畫家之具此手此眼者蓋比比然也。世人每以版畫多摹刻名作，非獨立之藝術。然於名畫之擷精取華，豈易事哉！古版畫之名世者，殆無不是複製古今之諸名作。Dürer為歐洲第一大作家，特為版畫作圖者，所作均由技巧之刻工輩刻成之。（公元一四九二年至一五二六年）Holbein繼之，作死之舞蹈（Dance of Death）由最偉大之木刻者Hans Lützelberge完成之，其影響於後來版畫者至鉅。英國有Thomas Bewick（1753—1828）者，以白色線條為主，而不似前人之以黑色線條構成版畫。所作英國獸圖、英國鳥圖皆為傑出之書。十九世紀間，則有Allgaier與Siegle刊刻Kanlback繪之列那狐插圖，Bürkner與Gabner刊刻Ludwig Richter所繪之版畫。斯皆畫家與刻工合作而成版畫者；而畫家亦專以繪作版畫著稱。蓋畫家與木刻家固若鳥之雙翼，車之雙輪，相倚為用者也。至近代之版畫家，若法國之Stepham Pennemaker美國之Timothy Cole及Frederick Juengling諸人，則合畫人刻工為一身，已脫離繪畫之拘束，而自能成一種獨立而特殊之藝術，自有其最高之成就矣。惟我國之版畫家則脫離繪畫之範疇為獨早。明萬曆間之版畫家，若黃氏諸昆仲，若劉素明，皆已自能意匠經營，勾勒作稿；其精美固無遜於名畫家所作也。且因我國繪畫與版畫作風之相近，故版畫作品之有助於畫家者，乃獨多（惟畫家輩每諱言之耳）。蓋我國名畫，每深藏錮鍵於皇宮富室，畫家得見真跡者寥寥。所借以入手學習者賴有若干木刻之畫譜耳。芥子園畫譜之流行，即以此故。而日本諸畫譜傳刻獨多者，其原因亦不外此。余所藏汪氏列女傳、素園石譜諸書，每是從畫家散出者。其中消息自不難考知也。嘗論我國版畫之發展，其歷程蓋可略述焉。隋唐以前，版刻無聞。而漢魏六朝碑版墓磚之花飾，殷周三代甲骨與銅玉諸器之圖案，已甚繁賾工致，追溯淵源，斯當為版畫之祖，亦若石經碑刻當為刻書之祖也。唐之中葉，佛教極盛，而三藏經卷尚為手寫。間有以木鐫佛菩薩像，捺印於卷前，若押印章者，每卷多至數十百像。以資功德，祈護佑。易石刻以木刻，易拓石以印木之習，斯當其始。而刻木之圖像，具有布局意匠者，則當以唐懿宗九年王價施刊之金剛般若經卷端之扉圖為其祖。與此經同出敦煌者尚有晉開運四年曹元忠開版之大聖毗舍門天王像一幀。斯殆為佛龕供奉之資者。後此刊經，每卷之前，殆無不具有扉畫者。雷峰塔中所藏宋太祖開寶八年吳越王錢俶刊之寶篋印陀羅尼經卷前亦有甚精美之扉圖。山西趙城縣廣勝寺之金藏，其卷首扉圖中之人物，乃大有西域風。南宋刊之磧沙藏（至元代尚繼續刊刻未已），其卷端扉圖，最為精良可喜，線條流動，結構莊麗，允為初期版畫之傑作。每幀下端大抵皆署有刻工及畫工姓名。畫者以陳升為最著，刻工則有陳寧、孫佑、袁玉諸人。版畫刻工之姓氏，為我人所知者，斯當為其溯。初期版畫之為宗教圖像，信仰象徵，中、外固無殊也。至北宋末，版畫之為用漸廣。本草有大觀政和二本；

博古圖為宣和所纂，今雖未睹原刊本，而於元至大重修本中猶依稀可見原本面目之精良。南宋所刊版畫書，存於世者尚不在少數。陳祥道所纂禮樂二書，附圖甚富。以「纂圖互注」為號召之「經」、「子」，自周易、毛詩、周禮、儀禮、禮記以下，至老、莊、荀、楊，刻本多至十餘種。婦女讀物，若列女傳者，亦皆圖文相輔。至坊間所刊醫卜星相之書殆無不附圖者。若天竺靈籤之類，所附圖亦甚精。山經地誌之流，非圖不明方位，故亦往往附之。惟大抵粗具規模，偏於資用，無甚畫意。甚至東家雜記卷首，亦有版畫數幀。可見斯時版畫為用之普遍，已不復囿於佛藏之範圍。蓋由宗教宣傳之資而漸成為世間應用之物矣。此時，中國北部為金人所據。遺黎留居中原者，文化之程度尚高。四十年前，俄國柯資洛夫探險隊，於甘肅黑城發掘古代遺址，得文物不少。中有單幀之版畫二幅，一題「隨朝窈窕呈傾國之芳容」，署平陽姬家雕印；一題「義勇武安王位」，署平陽府徐家印。此二幀均為金代之物。殆是以版畫供觀賞之資之創始。人物衣襞，繁瑣細膩，大有唐畫韻趣。金版之本草，翻北宋本，亦雅飭可觀。而趙城藏尤為巨帙。蓋金之文化與南宋文化成南北對峙，皆演北宋之緒餘而加變異者。至元代，而民間流行之版畫為用益廣。作為通俗讀物之白話孝經真解（虞集注），三教搜神大全與建安虞氏所刊全相平話五種皆附甚富之插圖，且其圖型，全同宋刊列女傳。續刊之磧沙藏與翻刻宋版之纂圖互注諸經子，本草、博古圖等亦皆精美不下原本。號為蒙古版之祖庭廣記，其卷首所附之顏子從行、乘輅諸圖，氣象莊嚴端整，與佛家扉畫之絢麗者有別具一天地之概。而尼山、顏母山諸圖，線條剛勁有力，刀法潔淨精細，尤為山水版畫中之傑作。明初文化，多仍元舊。朱元璋為政酷虐，過於胡人。洪武三十一年間，文化藝術，窒息不揚。而民間經大亂之後，資力艱難，與海外之交通，亦皆斬絕，故出版事業反較元代為落後。今所見洪武刊本，用紙之粗劣，古所未有；且往往以粗黃厚箋，雙面刷印文字者。余所藏洪武版天竺靈籤，其插圖刻工之幼稚，似較之唐五代為尤甚。持以較宋刊原本，人物依稀猶是，而神情則全非矣。靖難以後，生機漸復。燕京所刊之版畫，呈空前未有之光芒。永樂刊版之佛道經卷，有竟卷施以版繪者，富麗精工，曠古所無。圖型大似遼金時代之塑像；其精緻細密之光輪花飾，一望即知為遼金遺式。蓋北平一帶之文物，受遼金影響最深也。宣德藏經，圖式亦工。惟民間流行之讀物，若劉東生嬌紅記雜劇，則粗陋簡率，無復宋元規範。正統以後，版畫傳作，於經藏插繪外，寂寞無聞。皇室士夫，殆皆不尚圖繪。今所睹者皆市井流俗之所為耳。粗豪有餘，技術未工。世宗踐祚，版畫作者，乃復振頹風，爭自磨濯。以燕京、金陵、建安三地為中心，所刊圖籍，流傳遍天下。而以建安諸書肆為尤勇健精進；其所刊者，或署「京本」，以示來源之正，或復宋元舊式，不沒地方色彩。上繼前修之餘緒，下啟隆萬之曠塗。其功不可沒也。若熊氏、余氏所編刊之通俗演義，童蒙讀物，無不運以精心，而出以純熟之手技。圖中之人物動作，宮室景色，雖未脫宋元影響，而已較為繁雜多岐。隆慶及萬曆之初，版畫作風，突轉入一新時代。而仍以建安諸肆為先導。劉龍田刊西廂記，其插圖，易狹長之小幅而成全頁之巨製，實為宋元版畫之革命。蓋列女傳型之版畫，局促一隅，布局不易開展。龍田易以全頁，則人物之動作與其面部之表情均能表露顯豁。實通俗版畫技術上一大進步之表徵。自斯以後，除余氏諸肆尚墨守宋元成規外，餘皆急驟變易以趨時尚矣。張居正之帝鑒圖說刊於北方，氣象闊大，而刻工未遒。然實劃時代之一大作。以大臣學者而知充分利用版畫為教育之資材，蓋於版畫此後之發展有重大之影響焉。顧玄緯之西廂記雜錄，為何鈐所刊，圖亦甚工。楊之炯藍橋玉杵記凡例云：每出插圖「以便照扮冠服」。蓋戲曲腳本之插圖，原具應用之意也。而金陵唐氏富春堂所刊諸腳本則已近於以版畫為飾觀矣。明刊劇本，幾於無曲不圖，其風尚殆始於劉唐諸家也。而於版畫之日趨工麗，亦有甚大之推進力。富春堂尚刊有全相評林古今列女傳，出像增補搜神記、三寶太監下西洋記等，皆版畫史上之巨製也。其後有文林閣、唐振吾諸肆，殆皆其宗族。周曰校之三國志演義，某氏之皇明英列傳，亦皆刊於金陵，其圖型均同唐氏諸書。大抵線條較粗，動作甚複雜，人物則皆大型表情皆甚顯露，尚具民間藝術草創豪邁、大膽不羈之作風。而金陵版之通俗書漸有奪建安版之勢矣。版畫之成為純藝術之作品，斯當為其先河。萬曆中葉以來，徽派版畫家起而主宰藝壇，睥睨一切，而黃氏諸父子昆仲，尤為白眉。時人有刻，其刻工往往求之新安黃氏。徽郡文士之作，若高石山房目蓮救母記，汪氏環翠堂弈譜、傳奇、人鏡陽秋，程氏墨苑，方氏墨譜，固無論矣。即金陵刊之養正圖解、南北宮詞紀，杭刊之海內奇觀與夷白堂諸演義，吳刊之吳騷、吳歈，浙刊之徐文長改本崑崙奴，王伯良校注西廂記，凌濛初朱墨本西廂五劇之類，無不出於歙縣虬村黃氏父子昆仲手。沈德符野獲編云：養正圖解，徽州人所刻，梨棗極精工。其圖像出丁南羽手，飛動如生。蓋徽郡出版事業之盛，自汪士賢與吳勉學師古齋、吳琯西爽堂、吳養春泊如齋以來，已凌駕兩京建安矣。而版畫之工，尤絕倫無比。古代之版畫，刻工即為畫家，故圖式多簡率（惟磧沙藏扉畫作者自署曰陳升畫），或摹寫實物圖形，或勾勒前人舊作，或憑其想像，創繪畫幅，無一大畫家之作品，亦無一大畫家曾專為版畫作圖者（鮑氏謂汪氏列女傳圖出仇英手，實不足憑信）。而斯時，則有汪于田、丁南羽、吳左千三人。為歙之版畫家作圖不少。環翠堂諸書，多出于田手，泊如齋重刻宣和博古圖則出丁吳手（持以較嘉靖間蔣暘之刻本，便知泊如齋刻本之工致），程氏墨苑、養正圖解均為南羽繪，方氏墨譜則為南羽、左千合繪。後高陽為胡正言作十竹齋畫譜；而陳老蓮繪九歌圖、水滸葉子、博古頁子，蕭尺木繪離騷圖、太平山水圖畫等皆專為付之梨棗用者。以大畫家之設計，而合以新安刻工精良絕世之手、眼與刀法，斯乃兩美具，二難並，遂形成我國版畫史之黃金時代焉。且諸刻工久受畫家之陶冶，亦往往能自行擬稿作圖，其精雅每不遜於畫人之作。吳承恩狀元圖考，其圖出歙人黃應澄手，即黃氏昆仲之一人也。斯復與近代版畫之風相近矣。大凡歙人所刊版畫，無不盡態極妍，鬚髮飄動，能曲傳畫家之筆意。周履靖畫譜牘（夷門廣牘之一種）所收畫譜五種，無一不精工。而春谷嚶翔一卷，所刻諸禽之毛羽，皆細若絲縷，滑潤有光。顧炳刻歷代名公畫譜，黃鳳池刻唐詩畫譜、六如畫譜、梅竹譜，楊爾曾刻圖繪宗彝等皆能擷精取要，得古作之意而未大失其神。其刻工皆臻妙境。而當萬曆三十四年頃，程大約墨苑初印者，曾以五色墨模印數十幅，其色彩絢麗美妙，前無古人。殆為彩色版畫之先驅。後一年而風流絕暢圖出，通帙皆施以彩墨，人物之膚色衣履乃至几飾窗幃，無不栩栩如生。雖是褻圖，卻為絕作矣。天啟崇禎間朱墨本、五色本之書籍盛行，而版畫之數色套印者僅胡正言之十竹齋畫譜與箋譜耳。而實已躋彩色版畫至高之界。所刊之花卉、蔬果，胥鮮翠欲流，晶潤如生；禽鳥之羽毛，草蟲之網翼，其絨翎、網紋，亦無不曲肖，一筆不苟，有類宋之院畫；而雨後柳枝，風前荷蓋，滴露未晞，流轉欲擲；半枯秋葉，蟲齦之痕宛然，蟲絲猶裊裊粘牽未斷，尤窮工極巧，功媲造化。箋譜諸畫，纖巧玲瓏，別是一格。以沒色凸版，壓印花瓣脉紋，鼎彝圖案，與乎橋頭水波，山間雲痕，尤為胡氏之創作。人物則瀟灑出塵，水木則澹淡恬靜，蛺蝶則花彩斑爛，欲飛欲止，博古清玩，則典雅清新，若浮出紙面。其後，蘿軒、殷氏諸譜，怡府之箋，皆仿此，而終不能勝之。明清之際，老蓮、尺木，以遺民而從事版畫，託物見志，寄慨無窮；其刻工黃肇初、建中、劉榮、湯尚輩皆能竭技盡巧以赴之；故於陳蕭縱筆揮寫，深淺濃淡，剛欲壁立千尋，柔如新毫觸紙之處，胥能達旨傳神，大似墨本，不類刻木。張宗子之三不朽圖，金古良之無雙譜，亦水滸、離騷之意也。工力亦深。順治、康熙以後，神州淪為狐兔之窟，蹂躪壓迫，無所不至。薙夷略定，乃亦宣揚藝術，以資粉飾。萬壽盛典圖、避暑山莊圖、耕織圖、南巡盛典圖、皇清職貢圖等，胥皆富麗堂皇，繪鏤極工。然終嫌精緻有餘，氣韻不足。蓋廊廟之歌，雖亦鏗鏘有節，而中人欲睡矣。李漁婿沈心友所纂芥子園諸譜，能於十竹齋外，別出一手眼；其山水畫拖藍帶紫，頗具闊大之氣象。其花卉翎毛，亦粗豪有力。余所得其時之彩印版畫，若西湖佳話圖，若三國演義圖，皆如是。然此後版畫之為用，乃從純藝術之坫壇，而墜落成諂諛矜誇之具矣。閫頌滙編，則功德碑之遺緒也；西堂年譜圖、泛艖圖、鴻雪姻緣圖等，則萬壽、南巡之餘音也。而筆意則較為恣放流動。泛艖圖長卷大幅，煙雲縹緲，觸筆成趣，能免於板澀。道咸以來，版畫之應用復廣。別下齋刊陰騭文圖證，圖出費旭手，意匠甚工。改琦之紅樓夢圖，任熊之列仙酒牌、劍俠傳皆為刊版而作，有十洲、老蓮畫意，而刻工之精良，亦不下於子立。顧沅刊吳郡五百名賢圖贊等巨著數種，足徵吳地刻工之未失先型。而桃花塢者，在蘇郡城之北隅，獨以刊印「年畫」「風俗畫」有名於時。自雍正至清季，塢中諸肆，殆為江南各地刊畫之總樞。蓋自徽派版畫式微以後（乾隆以後徽派刻工無聞焉），吳中刻工則起而代之矣。所刊有具西洋風者。其情形與利瑪竇之宗教畫家像為徽派刻工所復刻者相同（利瑪竇諸圖見程氏墨苑中）。而粵中畫家刻工亦起而問鼎中原。梁廷楠小四夢之插繪，麥氏鏡花緣之人物圖，均甚良好。光緒末，歐美新型印刷術，流入我國。上海諸畫家，若吳友如輩，皆專為石印作畫，滙為數十百冊，而木刻幾廢。桃花塢諸肆皆淪為廢墟矣。克保先型者，惟北平一區耳。民國肇建，文人學士，薈萃舊京，文酒之會無虛日，每喜自印詩箋。林琴南之山水畫，首見刊木。陳師曾、齊白石、陳半丁諸畫人皆競為諸肆作箋稿。一時彩印版畫之風復大盛。其間，娟秀雄奇，無所不有，嫻靜輝煌，各極其致。而白石諸作，粗枝大葉，隨筆渲染，朝華未謝，夕秀方啟，氣象之雄，前所未有。而刻工竟亦能不失其意。是則，於胡沈二家外，又別具一種宗風矣。惜僅供文士賞玩，未能施之他用。余輩頗思資之復活古版畫。而變起倉皇，故都淪陷。斯願之遂，當待之恢復之日矣。然自變後，版畫之效能，乃別闢一新途。刻家皆為少年藝人，報國有心，荷戈自效；而版畫者乃為宣揚國力之資物，卻敵播功之露布矣。其作風與前修截然不同，蓋已與歐美近代作家合流而遠於古藝人之遺型矣。茲書所述，止於北平箋譜之選輯。若簿籍然，前簿已闔，新冊方啟。茲書，則舊籍之總結也。若論述少年藝人之所作，則當待之來日矣。綜觀我國版畫發展之歷程，與世界各國無殊。始於宗教之圖，繼資應用、教育，終乃成為純粹之藝術品。其刻工、繪工，初本為一人，繼乃為畫家與刻工之合作，終則刻、繪之工復集於一身。惟諸國於晚近數十年方完成其發展之路徑者，我國則已於三百年前幾完成之。而遭時不幸，中原板蕩，藝苑根芽，摧殘殆盡。刻工日趨倒流，不復能廁身藝林。獨任後進者勇晉不已，亦可慨矣！然植根深厚，復興之兆已見。繼今有作，可卜其必能別闢新途，大弘前徽也。斯之結集，或可有助新進藝人於百一歟？抑更有進者：茲書之作，為意不獨囿於版畫藝術之闡幽揚微。我國史家，每齗齗詹詹於文字之矜持，而忽視實際社會生活之表現。茲書所集版畫，自唐宋以來，凡千七百幅，胥足反映千年來之生活實相，社會變遷。凡民間之起居衣食，上自屋宇之演變，衣冠之更易，下至飲撰娛樂好尚之不同，皆皎然有可徵者。殆亦論述我國近代史者所不能廢也，而復刊名圖，灌溉藝苑，實物圖形，有助科學，則亦意中之收穫。近代工藝美術，日進而與純藝術相近。埃及圖案，唐人織錦，每為時流所取，模用新型。嘗見日本陶磁諸器，取精用弘；自古代鐘鼎之幾何圖飾，至近代山水人物之圖譜，無不兼收並蓄。我國工藝，方入復興之途。磁漆諸器，錦緞諸型，其必有資於斯，亦可斷言。故茲書者，不徒足雪我國藝壇之恥，亦資用之一要籍也。語曰：溫故而知新。此義可深省也。而茲書纂輯經過，亦有不能不一言者。蓋余於茲書，亦既殫精疲神二十餘載矣。其間艱苦困阨之情，焦慮縈心之態，殆非盡人所能告語。凡茲所收圖籍，類多得之維艱。或節衣縮食，或更典售他書以得之。有已得之，竟以無力而復失去；有獲一見，而力不能收，竟聽其他售。一書之得失，每至形之夢寐，數年不能去懷。袁甃公劍嘯閣刊隋史遺文，附圖近百幅，甚精好。平賈持以求售。適值囊空如洗，卻之。後為北大圖書館所得。今乃陷於故都矣！明刊禪真逸史，附圖八十幅，嘗一見於邃雅齋。以價昂未及收，而轉瞬躊躇間，已失去，不可復得。李卓吾評本幽閨記，胡正言十竹齋箋譜，萬曆間建安余氏刊諸小說，崇禎刊金瓶梅圖、唐書志傳圖等不下數十種書，皆嘗一見之，而因循坐誤，不可復收得，抱憾何已！然亦未嘗無奇遇巧合。金忠輯瑞世良英凡五卷，刊於關中，圖近三百餘幅。平賈某索值二百餘金。余未能應之。為孝慈所得。孝慈卒後，輾轉歸於涉園陶氏。頃陶氏書散出。此書歸北平修文堂。幸為余所見，立持之歸。闊別數載，終得歸庫，喜可知已！陶氏又藏有彩色印程氏墨苑一書。余嘗以徐森玉先生之介，至津沽訪蘭泉，專事披閱此書，錄目而歸。不作收藏想，唯願得假印耳。不意於劫中竟得歸余。蕭尺木太平山水圖畫，余訪求甚久，幾得而復失之。頃乃承張堯倫先生慨然見貽。更有一書，初得其半，數年後始獲其全帙者；亦有終不能得其全者。景泰本廣信先賢事實錄六卷，其第六卷中，有辛稼軒圖像一幀。余收得一本，是天一閣舊藏，僅存第一二卷。稼軒圖像竟不得一見。然天一閣書目原注已闕其四卷，恐天壤間更無完書者矣。又每於諸肆殘書堆中，搜掘終日。室暗如夜，鼠糞蟲漬，遍於書上。檢竟而出，兩手竟塵涴如染墨。辛勤一日，或竟一無所得，或亦得一帙半冊之殘本。偶一獲見一二奇書，便大喜欲狂。大類於荒山野谷中尋掘古帝王之陵墓。又嘗於殘書之背，揭下萬曆版西遊記圖二幅，建安余氏版西漢志傳一幅，萬曆版修真圖一幅，便大覺快意。凡此一頁半幅之微，余亦收之。集此千數百種書豈易事乎？往往斥半月糧，具大決心，始獲得一二種。豈富商大賈、紈袴子弟輩之以書飾壁壯觀者所能知其甘苦！殆如猩猩血，縷縷滴滴而出。何一非嘔心鏤肺之所得耶？而同一書也，又有初印次印之分。次印者圖多模糊，或已挖去刻工姓氏，或竟另易他名。非得初印本，不足以考信。故余得狀元圖考至三種之多，始發現明刊原有二種；又得汪氏列女傳至四種之多；程氏墨苑至三種之多；他若仙佛奇踪、女範編、古列女傳、李告辰本西廂記等數十種，亦皆蓄本二種以上，始得決一疑，得一定論。臧晉叔元人百種曲附圖至二百數十幅，幅幅精良，而求其刻工署名，則所見各本皆無之。偶於北平來薰閣睹一殘本，凡三十許冊，其圖竟每幅皆以真草小字署刻者姓氏。時傅孟真與余皆欲得之。以其價昂，躊躇未收。而竟歸諸日人，至今嗟惜未已！於時，與余有同好者，在滬有魯迅、周越然、周子競諸氏；在平有王孝慈、馬隅卿、徐森玉、趙斐雲諸氏，搜訪探討，興皆甚豪。有得必以相眎，或見一奇書，獲一秘籍，則皆大喜。孝慈竟因書發癇死。隅卿授課北大，一日，仆於案上而死。魯迅亦卒於滬。森玉、子競遠在滇池，斐雲則株守北方。越然近亦不甚講收藏。辨疑質難，會心同賞者，今復有何人乎？煢煢一身，處於荊天棘地之中，乃復叢書於室，獨肩此史官所闕之業，亦可傷已！憶十數年來嘗挾照相師數人，至越然許，至吳門吳瞿安氏許，至孝慈許，至北平圖書館，盡攝所欲得之版畫而歸。正欲繼攝隅卿所藏，而余倉皇南下，無心於此事。今隅卿諸書皆淪陷於故城，欲睹無從矣。凡所得影版，亦盈數篋。所憾者：賈客重利，每輦精品出重洋。德國某博物院藏有清初版彩印西廂記圖；美國某圖書館藏有素娥編全帙，為數年前王某所售。日本所藏我國版畫尤富。彩色版風流絕暢圖、殷氏箋譜、蘿軒變古箋譜均在彼邦。凡此絕代秘籍，能復歸於我乎？求全求備，百年難期。而世事瞬息萬變，及今不為纂輯，則並二十餘年來所已搜集者或將蕩為輕煙。雖百身何贖乎？因悍然不顧其疏漏，先就所已得者，次第刊印行世。庶或稍減杞憂，而有裨此大時代之藝人、史家乎？惟刷印之工，至為繁瑣，數載經營，尚未及半。初擬複刻（日本大村西崖所輯圖本叢刊皆為木刻複印者。）然精良之刻工不易得，且易失原作精神，遂決用珂羅版印行。嘗囑託故宮印刷所楊君試印數十幅，其刻劃精美處與原作不殊累粟。而滬地印工，遠不逮平，數經嘗試，始勉中程範。其間彩色版畫，亦嘗試付商務印書館以彩色珂羅版複製三數幅。而色彩精神，均遠遜於原作。遂擱置數年。而不久，此彩色印機亦毀於兵燹。嘗見狄平子重印芥子園畫譜三集，以珂羅版作圖底，而以木版套印彩色於上，或竟加以手繪，狼狽徘徊，無一是處。陶蘭泉所印墨譜諸書，金彩輝煌，可眩俗目，然係重加描繪後，付之彩色石印者。木刻之鋒鋩全失。偶與魯迅先生同輯北平箋譜，及知北平尚有刻工，能刷印彩色版畫。遂假孝慈藏本十竹齋箋譜付刻。刻成一冊，果能不損原作之秀麗。遠勝大村西崖複製之諸書。因決將彩印版畫，均復以木。惟工程浩大，難期剋日告成耳。賴有斐雲在平，負責督印。凡有所成，皆斐雲力也。獨於程氏墨苑彩印諸圖，特費躊躇。諸圖非套印，乃施彩墨於版上而後刷印者。遂先付珂羅版影印，印成後，再加刻版。（其刻工極為細密，恐描繪失真。）刻成，遂仿原作，渲染彩墨於木版上，再加刷印。嘗試再四，乃告成功。用紙選料，亦幾經周折，始有愜於心。凡此瑣瑣言之者，蓋以見茲書之作，一篇一頁，莫非余心力所萃。所搜集之圖錄，皆余二十餘年來辛苦艱難之所得；所寫定之史實說明，亦皆余冥搜苦索之創獲。蓋為此史者自余始。初無所資以取材。辛勤固倍，所得獨多。匡正補益，蓋有俟於後之君子。或有以際斯滄海橫流、狐兔群行村落中，救死不遑，匡時為急，而乃荒時廢業以務此不急、無補之作見譏者。余惟尺有所短，寸有所長。書生報國，毛錐同於戈戟。民族精神之寄託，唯在文化藝術之發揚。歷劫不磨，文事精進，乃可卜民族前途之偉大光榮。Aeschylus謳歌於波斯戰爭之中，Dante宣揚意大利民族精神於曙光將臨之際，Goeth與Schiller亦於日爾曼民族苦鬥之時宣揚鼓舞其同儔。司馬遷作史記於漢與匈奴爭長之時，章太炎所著，胥寫於辛勞憂勤之中。唯大時代乃產生大著作。我民族光榮之建設，正息息在犧牲與奮鬥中邁進。余之茲書，或亦不賢識小之所貢於我民族者乎。

中華民國二十九年一月七日鄭振鐸序

跋唐宋以來名畫集

抗戰中，我不曾買過一本日文書，這情緒是可想而知的。勝利後，我也不曾買過一本日文書，那是因為那時候我正在負一部分的責任，接收同文書院、自然科學研究所等敵性文化機構，為了避嫌疑，索性一本書也不買——雖然那時候日文書是滿街都是，其價奇廉。直到了三十五年的冬天，我的任務早已完畢，同時，為了要編纂中國歷史參考圖譜，不能不需要大量的參考書，方才開始著手搜購日文的關於中國的書籍，自考古到書畫的圖籍，無不有見必收。但書價已經較三十四年的冬天，漲到十倍以上了。我以無比的毅力，且得到「中國歷史參考圖譜刊行會」裏諸位友人們的後援，大量的在搜求這一類的書。先是在上海書肆裏訪求。然後，北平的書也大量的南來了。恰好有一個很好的機會，有幾位書友到東北九省去收書，他們所得到的最好的一部分書也歸我所有。最後，台灣的一位青山高亮教授的藏書，也經由一位書友的手，而由我得其重要的一部分。在短短的一年裏，我得到了一千多種的重要的日文書。有的書，在二十多年前，我雖見到，卻是可望而不可及的。自己也不相信，會有那麼多的成績。但我見了這麼多的日文書，我心裏覺得慚愧極了！我為我們弄學問的人臉紅。為什麼他們會有那麼多，那麼好的成績，而我們的出版物，為什麼竟那麼貧乏呢？至今竟以夏曾佑的一部中學用的中國歷史教科書升格到「大學叢書」，而且竟還是最好的一部本國史，實在不能不令人氣短！看看人家出了四十多厚冊的朝鮮史，出了十二大冊的支那文化史蹟，出了十五大冊的支那工藝圖鑒，出了一百冊的大正大藏經，出了十五大冊的朝鮮古蹟圖譜，出了泉屋清賞，出了爽籟館欣賞，出了白鶴帖，出了歐米搜儲支那古銅精華，出了西域考古圖譜，出了新西域記，出了樂浪時代的遺跡，出了樂浪，出了彩篋，出了王光墓，出了貔子窩，牧羊城，南山里，營城子，東京城，赤峰紅山後，出了東洋美觀大觀，出了書苑，出了書道全集，出了支那名畫寶鑒，出了南畫大成……簡直是數不盡的洋洋大觀，有系統的集大成的大規模的著作，有時未免顯得蕪雜，顯得不精純，但他們的努力是極可佩服的。我開始對於他們的工作，發生了極濃厚的興趣。時常和幾位朋友們談起，他們能夠做，為什麼我們便不能做呢？為什麼我們便不能有他們那麼大規模的工作計劃呢？也許我們的學術界是過於慎重，過於惜墨如金了罷？祇有羅振玉氏和郭沫若先生兩位，其精力和努力是足以和任何日本人相比，而且比他們更深入；此外便祇有王國維氏，陳寅恪先生、向達先生、賀昌群先生、陳垣先生、董作賓先生、于省吾先生、關百益先生、商承祚先生等，寥寥可數的諸位了。日本人有一種好處，便是力求學問的普及化；不一定深入，但必求顯出，人人都可以享受，都可以懂——至少可以欣賞。他們學術界的天天在進步，與一般人的學術興趣的濃厚，並不是沒有原因的。我們的專家們也許只求深入，只想有「藏之名山，傳之其人」的名著，卻忘記了使一般人都能夠領略學問趣味的使命了。不知道「學問」是公器，決不是少數人所能把持得住的東西。最大多數的老百姓們是決不會永遠被拒絕於學術的大門之外的。總會有一天，人人都可以有享受學術研究的自由與興趣的。說來可憐，我們的學者們曾經做過什麼學術普及化的工作呢？連一部中國百科全書都還不曾給老百姓們呢！有幾個故事，在北平盛傳著。有一位教授，教了一輩子的書，他們的講義永遠祇有寥寥的幾十張。據說，講義發全了，有人會剽竊而去，他的書便教不成了。又有一位教書的人，在講堂裏祇是敷衍塞責，盡講些老生常談，決不肯把自己的專長施展出來。他對人說，殺手鐗，回馬槍那一套絕技，是要留給自己著書用的。如果傾囊倒篋的都教了學生們，難保沒有人不會搶先出書的，自己的獨得之秘，便不成其為「秘」了。以這樣的「唯我主義」來研究學問，把持學問，如何能夠想得到學問的普及化呢？西北考察團所得到的漢代木簡，數量之多，內容之精，尤在沙畹的「漢簡」之上。但沙畹早早的把史坦因給他的資料整理出版了，而我們的「漢簡」，卻老躺在研究室的許多抽屜裏，紋絲兒不動一動。記得那時候是交給北大研究所，由馬叔平、劉半農兩位先生負責整理的。過了好幾年，不曾有消息。有一次，我實在耐不住了，遇到半農先生，便問他道：「漢簡為什麼還不印出呢？」他道：「還不曾整理好。」我說：「不必『整理』了，就編了號印出來，讓別人加以研究吧。」他一聲不響，我也不好意思再說下去。北平淪陷時，這幾箱的無比的漢代的史料文獻，卻被遺落在松公府，無人顧問。虧得沈仲章先生把他們搶救到天津，又由徐森玉先生把他們弄到香港，正要印出，而太平洋情形日惡，森玉先生又匆匆忙忙的把他們運到美國——。至今還不曾歸來。假如在日本或別的國家，這些東西必早已印出成為人人可引用，可研究的資料了。類似的情形之多，一時也說不盡。我生平好事，尤喜見到人家的成功。對此情形，一遇機會，必時時促動他們的努力，尤其希望他們能把許多重要的文獻資料公開出版，給別的人以研究的便利。但他們錯過了許多好機會，在今日印刷紙張如此的困難的條件之下，自然更不會有出版的可能了。我有「歷史癖」。對於一切的史料，雖若竹頭木屑之細微，也甚加以珍視。一有機會，便想把得到、見到的重要的書印行，以免孤本單傳，一遭三災，便永遠失去，不見天日。所以，在抗戰期中，在孤島似的上海，居然也設法於萬分艱難之中，印出了一百二十本的玄覽堂叢書，二十本的中國版畫史圖錄。更於孤島似的上海也淪入敵手之後，出版了十本的明季史料叢書。可謂好事之至！龔定庵有「狂臚文獻耗中年」之句，我深喜詠之。我自信那七八年的杜門蟄居的時候，並沒有什麼浪費。我曾盡了我的責任。到了勝利之後，做了六七個月不相干的事，反而放棄了自己的崗位，至今還懊悔，惋惜著。自己覺得不能不急起直追，便於去年冬天，計劃著出版中國歷史參考圖譜。對於圖畫，雕刻，我有特殊的嗜好。在歐洲的時候，幾乎天天跑博物院。見到了他們出版的書籍插圖的豐富，往往自慚我們的不爭氣。為什麼我們不能出版些有確切可靠而富於美術氣氛的插圖的書呢？難道便永遠以中國歷史教本裏幾十幅武梁祠畫像的複本和若干來源不可靠的插圖為滿足了麼？最使我不滿的是，我們曾出版了兩部地名大辭典，而自首頁至末頁，沒有一張地圖，竟連中國全圖也不曾有，更不必說什麼地域分圖，歷代沿革地圖和各地方的風景名勝圖及城市街道圖之類的應該有的插圖了。我第一步嘗試的出版了插圖本中國文學史。為了自己的偏嗜，第二步出版了中國版畫史圖錄。第三步便是嘗試的要出版一部比較通俗的插圖本的中國史一類的書。因為中國史不容易寫成，且準備也不夠充分，便著重於插圖的一方面，而成為「圖譜」。當我把這個計劃告訴給幾位友人們聽時，他們都竭力的贊成著，且立刻便組織成功了一個「刊行會」，為我的後盾，負責著經濟的籌劃。在不到一年之中，我得到了近一千六七百種的書——其中有日文的書一千種——完全靠了「刊行會」諸位先生們的幫助。在其中，關於古代名畫的書籍很搜羅了些，日文的尤多。我見到他們複印的精美逼真，纖毫畢肖，而且搜羅我們古畫的既精且備，不禁慨嘆讚賞之不已。偶和友人張蔥玉、徐森玉二位先生談起他們說，日本人所收的古畫，好的固多，不可靠的贋品也不在少數。我說，我們何不慎重的選擇一下，汰偽存良，編一部域外所藏古畫集呢？蔥玉先生說，他也有此意。他本想把國內外儲藏家及各博物院所藏的我國古畫，擇其真跡之尤精者，印為一部集大成的畫集。——至少要比南畫大成和支那名畫寶鑒之類精粹美備些。所謂域外，不僅包括日本，也要包括歐美諸邦。我極力贊成他的計劃。但他有許多困難，一時不易著手於此舉。而我則性子很急，常有說做就做的癖氣。我當時就說，你們兩位負責選擇，我來搜集材料並編排次序吧。他們都同意了我的主張。而這時「參考圖譜刊行會」的資金，除了購備紙張之外，已為我的大量購置參考書籍，耗費殆盡，實在沒有力量再做這個大工作了。我忽然想起，蔥玉在戰時曾經把他的藏畫攝照過一份照片，何不利用這一部分照片，先把他所藏的複印出來呢？這也許比較的輕而易舉。過幾天，去問當時負責照相的錢鶴齡先生。他說，那一份照片還存在他那裏，不知壞了沒有。我們隨便撿了一張邵彌的「貽鶴圖」給戴聖保先生去製版。不久，印樣送來了，卻是那麼精美，差不多深淺濃淡之間，與原作幾無甚差別。我高興極了！覺得一定會成功的，而且，比起日本人的印刷來，也差不了多少。於是，決定進行。把這部書定名為韞輝齋藏唐宋以來名畫集。恰在這個時候的前後，蕙玉的所藏古畫，最驚心動魄的幾十幅，像張萱的「唐後行從圖」，劉元的「夢蘇小圖卷」，李衎的「墨竹圖卷」等等，全被人囊括而去，載運到美國，待價而沽。我沒有能力和辦法留下他們來。別的人則皆漠不經心，視此數十幅「國寶」的失去，若秦人視越人之肥瘠。我當時憤慨極了！更決意非把這部書早日印出不可。放我的序裏有「徒留此化身數百，流覽僅資，此予所深有感於秦無人也」之語。但我費了許多力量，還祇能東搊西湊的零星購到些應用的紙張。當時，只計劃著印一冊，大約有六十多幅。因為不能一口氣把紙張備足，眼看他的價格飛黃騰達的望上竄。總想裝訂得相當考究，又決定用錦緞做面子。而錦緞的價格也在一天天的飛躍不已，而無法先行購置。我把心一橫，竟將在淪陷時期也捨不得售去的善本曲子，一古腦兒售去了三十多種，作為購紙之用。而杯水車薪，這一部分的錢不到幾時便也用光了。所印的還不到二十多幅。接下去，便不能不靠幾位在銀行裏的朋友們的借貸了。越借越多，幾有不能還之勢。而蕙玉自定的目錄，卻又加多了不少，竟超過了六十多幅的預算一倍以上。到了今年八月左右，實在已走到了山窮水盡，羅掘皆空之境。我忽然的動了一念：何不以大眾的力量完成此書呢？於是便登大公報發售預約。結果很不壞，到底是依賴了大眾的力量終於完成了她。今天，寫到這裏的時候，恰好是第一部書裝成，放在書桌上，佔了整個桌面，書幅的闊大，紙張的漂亮，錦緞面的輝煌，確是相當的富麗堂皇。恐怕要算是近幾十年來最為考究的一部出版物了。——雖然缺點也很不少。我摩挲著她，萬感交集，酸辛難忍，這裏面有我的血，我的汗，我的淚！最不可挽救的是已售去的那三十幾部明版的善本曲子。「佳人已歸沙吒利」，哪裏還會有歸來之一日？居然和蕙玉的所藏，落到同一的運命！何此書之多阨也！所不同的是，他的畫流落國外，我的書究竟還是楚弓楚得耳。以售書來出書，可謂為賣珠買櫝，癡絕！愚極！一想起，便心神如醉，悔愧交併！然而，這部書終於是出版了，總算是成功了一件工作，而這工作恐怕很少有人肯做的。而在經濟上的調度，與周轉中，我竟也第一次嘗到了商人世界的甜酸苦辣的味兒。不過，不經一事，不長一智。而肯做事，想做事的人，遇到的助力一定會比阻力多。如果沒有毅力定力，一遇到阻力，便幡然變計，或灰心失意的掉頭走回去，那當然永遠不會見出人與人之間的溫情的援助的可愛與其興奮，鼓勵工作者的力量的。但如果，堅定的掃除了一重兩重的阻礙之後，你便會覺得意外的助力會不期然而然的來的。這將更增加了你的勇氣，你的高興，而且影響到你的工作能力，你將更努力的向前走去。你會覺得：人世間畢竟是溫暖可愛的；並不如你所想像的那麼冷酷無情。世界上有的是同情與援助——祇要你是走上正當的工作的大道和正義的大道。就我自己而言，假如在遇到了一次兩次三次的阻力之後，永遠還是那麼樣的孤軍獨鬥，淒涼蒼惶的在無垠的曠野獨自走著的話，我也許會灰心失意的自認失敗了的。但我覺得，祇要做，刻苦的做，光明磊落的做，便決不會失敗的。一定會有辦法的，一定會成功的。路是人走出來的！我咬緊了牙關，總有好多次，讓酸楚的苦淚往肚子裏咽下去，而堅決的做下去。於是，助力來了。我這時摩挲著這部相當巨大的書，我不能不感激屢次給我以經濟上的後援的朋友們，而這些朋友們，他們自己的本身也並不是怎麼有很大的資力的。其次，還得歸功於讀者諸君；他們相信我，相信我的工作，且也相信這部書的內容，一張紙也沒有見到，一幅樣張也沒有拿到，便肯早早的花了不很少數的錢來預定這部書；有幾位，我知道，他們是很費了點決心和犧牲才能夠來預定的；這給我的鼓勵實在太大了！這助力是遠遠的超出於經濟的幫忙之上的！差不多每天都有，三兩位或至少一位來預定這部書。我從心底裏感激他們！這部書可以說是以讀者諸君的力量來完成了的。所抱歉的是，我不能更廉價的讓他們有這部書，雖然我已盡我力之所能。現在，這部書快要都到了讀者諸位的手裏了。為了力量所限，不能夠多印個幾百部；已經有好幾十位沒有機會能夠得到她了。——在這裏面是有好些極需要她的。敬向他們致歉！再其次，應該向蕙玉先生和好幾位收藏家們致深摯的謝意！他們毫不吝惜的把他們的所藏借給我複印，在這部書裏至少有二十多幅是他們的所藏。這種重要的助力也是我所不能忘記的。還有，許多位書友們，還有鶴齡先生和聖保先生，他們都給我以很大的幫助和鼓勵；沒有他們的助力，這部書也不會出得成功的。

但當我在摩挲著，仔細的逐幅的翻閱著時，自己總覺得其中有不少的缺點。第一，有好幾張畫，顯得有些不清晰，特別是張萱、周昉、劉元、錢選的幾幅劇跡。我非常的不安，且不高興！固然，原底子也許太晦暗了，不容易照得好，但在今日攝影術的進步的技術上，是可以把本來隱晦的地方照得清晰的。然而，因為這幾幅原畫，都已出國去了，沒法子再追回補拍；只好這樣的利用著五六年前的舊照片了。將來，也許有珠還的一天，當再作補救之計。否則，落在他人手裏，他們利用現代的技術，複印得髮眉華現，神采奔奔，豈不是「貽國之羞」麼？第二，有幾幅畫，畫面上顯得有些毛病；明晰是明晰，但不是完美無疵的。像張彥輔的「棘竹幽禽圖」，上面便有損壞的地方。原畫並非如此；這是因為照片擱放得太久了，發了霉之故。但原畫也不能再得到，便也只好這樣的印出了。第三，有幾幅畫，原來可以複印得更好些，但因為急於要歸還給原主，不能從從容容的多拍幾次，便也見得有些缺點。好在大部分都還不壞。為了要急於出書，為了要求備，故便不能十分的求全、求美了。這是浮泛在我心頭的一片陰雲，遲或早，一遇到機會，一定要設法補救的。

同時，我還出了「域外所藏中國古畫集之一」的「西域畫」上輯一部。那部書成本還不甚重，故不怎麼覺得喫力。但我的計劃是：這樣的「域外所藏中國古畫集」，總要有二十多輯，將來恐怕也是一個很繁重的一個工作和很沉重的一副負擔。

為了好事，喫盡了說不出的苦。留著一身的創傷，自己舔著，昂起了頭，又走向前去。

我們這個國家，實在太寂寞了，太沒有肯做不求「近功」的事業的人了。幾個大出版家，都在炒冷飯，把過去已經出版過的東西，縮編過，加上百分之六七的新材料，便算是新書了。但這還是上等的正當的規矩人。等而下之，領到了若干「配給紙」，乾脆的不出書。白紙印上了黑字，又費工，又賣不起錢，所謂聰明的人，才不幹這種喫力不討好的傻事呢！他們囤積著白紙，比之印書，著實有利益得多了。我很佩服上海的僅有的幾家還在出書的出版家們。他們是有著那麼一股傻勁，一心為文化而工作著的精神！但也已談不到什麼有系統的大規模的工作了。誰在無垠的沙漠地上湧現出一片綠洲來呢？深入到什麼程度呢？為何不求「普及」，為大眾人民而服務呢？我的工作也許還不是「普及」的工作。但這祇是一個開端。

我相信，由我這一開端，不久的將來，所謂印行珂羅版畫冊的風氣，一定又會盛極一時的。但我希望印行的人，不要把「利益」放在前頭，仍要本著「服務」的精神，為文化而工作。印刷得要精要美，裝訂得考究，選紙得十分小心，不要用壞紙惡墨印。更重要的是，選材要精。不要把贗品偽畫胡亂的印出來。不僅糟蹋了紙張，而且也要貽誤、迷惑讀者們不淺！這也許半繫於選擇的能力不夠，但有時，也許有意為此，以增進其收藏的價值。這便要談到藝術的良心的問題了。其次，編次要得法，不能亂糟糟的抓住一塊木頭便當是救生船。要先有計劃，先有打算，不能再像故宮週刊、月刊、書畫集那麼無規序的亂印。同時，一薄本、一薄本的十張、二十張的出一冊，也不是辦法。（像「有正」、「神州」、「商務」那樣。）總要使讀者們有一個容易欣賞的機會，而且給他們比較有系統的觀念。我們也許老有那麼壞的毛病，除了懶之外，老是沒有組織，沒有計劃。難道我們便真的沒有組織的能力麼？也許那病根還是一字「懶」字，隨便抓住什麼就算數，不肯費一點工夫去計劃。

但無論如何，祇要不是存心欺人，祇要是誠懇忠實的工作著，總要比一張白紙似的文化界好些。

我盼望著有人能夠繼起，替沙漠似的出版界多植些綠樹紅花出來。

我的工作還沒有完結——也許永不會做得完——雖然遍體是創痕，但我總是不氣餒的向前走去。

原載一九四七年十二月二十日《人世間》第二卷第二、三期合刊

以上是一口氣寫下來的一篇跋；寫的時候，憤慨極多，也許未免有些雜亂吧。這篇跋並沒有放在唐宋以來名畫集的後面，一來是因為來不及加入，再則，似乎也不必加入。從開始編印那部書後，到了摩挲著裝成的第一部書時，已經有八九個月了，走的是多麼艱苦的路！這裏所寫的還祇是可以說得出來的經過。其實是，如魚飲水，冷暖自知，也不必再多說什麼了。

漫步書林

引言

在路上走著，遠遠地望見一座綠蔭沉沉的森林，就是一個喜悅，就會不自禁地走入這座森林裏，在那裏漫步一會兒，僅僅是一會兒，不管是朝暾初昇的時候也好，是老蟬亂鳴的中午也好，是樹影、人影都被夕陽映照得長長地拖在地上的當兒也好，都會使我們有清新的感覺。那細碎的鳥聲，那軟毯子似的落葉，那樹蔭下的陰涼味兒，那在枝頭上遊戲夠了，又穿過樹葉兒斑斑點點的跳落在地上的太陽光，幾乎無不像在呼喚著我們要在那裏留連一會。就是地上的螞蟻們的如何出獵，如何捕獲巨大的俘虜物，如何把巨大的蟲拖進小小的蟻穴等等的活動，如果要仔仔細細地玩賞或觀察一下的話，也足夠消磨你半小時乃至一小時的工夫。

從前的念書人把「目不窺園」當作美德，那就是說，一劲兒關在書房裏念書，連後花園也不肯去散步一會的意思。如今的學生們不同了。除掉大雪天或下大雨的時候，他們在屋裏是關不住的了。三三兩兩地都帶了書本子或筆記本子到校園裏、操場上、或者公園裏去念。我看了他們，就不自禁有一股子的高興。我自己在三四十年前就是這樣地帶了書本子或帶了將要出版的書刊的校樣到公園裏工作的。

可是言歸正傳。以上所說的祇是一個「引子」的「引子」。「書中自有黃金屋」是一句鼓勵念書人的老話。當然，我們如今沒有人還會想到念書的目的就是去住「黃金屋」。不，我們只明白念通了書，做了各式各樣的專家，其目的乃是為人民服務。在念書的過程裏，也就是說，在進行研究工作的過程裏，在從事這種勞動的當兒，研究工作的本身就會令人感染到無限喜悅的。——當然必須要經過摸索的流汗的辛苦階段，即所謂「衣帶漸寬終不悔，為伊消得人憔悴」的階段。在書林裏漫步一會兒，至少是不會比在綠蔭沉沉的森林裏漫步一會兒所得為少的。

書林裏所能夠吸引人的東西，實在太多了，決不會比森林裏少。只怕你不進去，一進去，準會被它迷住，走不開去。譬如你在書架上抽下一本水滸傳來，從洪太尉進香念起，直念到王進受屈，私走延安府以至魯提轄拳打鎮關西，林教頭風雪山神廟，你捨得放下這本書麼？念紅樓夢念得飯也喫不下去，念到深夜不睡的人是不少的。有一次有好些青年藝術工作者們搶著念海鷗，念勇敢，直念到第二天清晨三時，還不肯關燈。結果，只好帶強迫地在午夜關上了電燈總門。有人說這些是小說書，天然地會吸引人入勝的。比較硬性的東西恐怕就不會這樣了。其實不然。情況還是一般。譬如我常常喜歡讀些種花種果的書。偶然得到了一部汝南圃史，又怎肯不急急把它念完呢。從這部書裏知道了王世懋有一部學圃雜疏，遍訪未得。忽然有一天在一家古書鋪裏見到一部王奉常雜著，翻了一翻，其中就有學圃雜疏，而且是三卷的足本（寶顏堂秘笈本祇有一卷），連忙挾之而歸，在燈下就把他讀畢，所得不少。有一個朋友喜歡逛舊書鋪，一逛就是幾個鐘頭，不管有用沒用，臨了總是抱了一大包舊書回去。有時買了有插圖的西班牙文的吉呵德先生傳，精緻的德文本的席勒全集，儘管他看不大懂西班牙文或德文，但他把它們擺在書架上望望，也覺得有說不出的喜悅。有的專家們，收集了幾屋子的舊書、舊雜誌，未見得每本都念過，但只翻翻目錄，也就胸中有數，得益非淺。有時「踏破鐵鞋無覓處」的東西，就在這一翻時「得來全不費工夫」。宋人的詞有道：「眾裏尋他千百度，驀然回首，那人卻在燈火闌珊處。」這樣的境界在漫步書林時是經常地會遇到的。

書林是一個最可逛，最應該逛的地方，景色無邊，奇妙無窮。不問年輕年老的，不問是不是一個專家，祇要他（或她）走進了這一座景色迷人的書林裏去，祇要他在那裏漫步一會兒，準保他會不斷地到那兒去的，而每一次的漫步也準保會或多或少地有收穫的。

以上祇是一個開場白。下面想把我自己在這座書林裏漫步的時候的所見所得，擇要地「據實道來」。祇要大家不怕厭煩，我的話一時完不了。

王禎：農書

書林浩瀚如大海，「一部二十四史從何說起」呢？祇能就自己所熟悉的談談吧。「民以食為天」。農業生產乃是社會主義建設的一個重要的環節。首先介紹幾部古代的有關農業的書籍是有意義的。中國夙稱「以農立國」，但有關農業的書卻不很多，遠不如兵書之多，更不如醫書的「汗牛充棟」。「四庫全書」所著錄的自後魏賈思勰齊民要術以下凡十部，其附存目則自唐陸龜蒙耒耜經以下凡九部。其他書目裏，著錄的農書也很少。但如果把有關經濟作物的書，有關花、果、藥物的書，水利的書，和有關牛馬等牧畜的書一同統計在內，則也可成一巨帙。記得二十多年前曾有中國農業書目一冊印行，惜今已罕見。我之所以收集農書，原因很簡單，就是因為它們有木刻的插圖。後來，連類而及，就連沒有插圖的農書也兼收並蓄之了。在有木刻插圖的農書裏，我最喜歡元代王禎撰的農書。這是一部篇幅相當大的書。我曾於某氏處見到一部明嘉靖九年（公元一五三〇年）的山東刊本，凡六冊，首有臨清閻閎序。書中插圖，渾樸有力，氣象甚為闊大，是木刻畫裏的上乘之作。因著意欲收購一部。訪之南北各肆，乃獲殘本一部，凡五冊，僅闕農器圖譜集之十六至二十。雖非全書，亦自滿意。此書包羅甚廣，凡分三部分。首為農桑通訣，分六集。（通訣目錄下注云：「古之文字皆用竹帛。逮後漢始紙為疏，乃成卷軸，以其可以舒卷也。至五代後漢（按「漢」應作「唐」）明宗長興二年，詔九經版行於世，俱作集冊。今宜改卷為集」。內聚珍本無目錄，卻改集為卷。）自農事起本，牛耕起本，蠶事起本，授時篇，地利篇，孝弟力田篇，墾耕篇，耙勞篇，播種篇，鋤治篇，糞壤篇，灌溉篇，勸助篇，收穫篇，蓄積篇，種植篇，畜養篇，蠶繅篇到祈報篇，是「通論」性質的書，特別著重說明南北各地的土宜。「北方農俗所傳：春宜早晚耕，夏宜兼夜耕，秋宜日高耕。中原地皆平曠，旱田陸地，一犁必用兩牛、三牛或四牛，以一人執之，量牛強弱，耕地多少，其耕皆有定法。南方水田泥耕，其田高下闊狹不等，以一犁用一牛挽之，作止迴旋，惟人所便。此南北地勢之異宜也。」（墾耕篇）像這一類的「因地制宜」，切合各地需要的話是隨處可以讀到的。次為農器圖譜，分二十集：田制門、耒耜門、钁鍤門、錢鎛門、銍艾門、杷朳門、蓑笠門、蓧蕢門、杵臼門、倉廩門、鼎釜門、舟車門、灌溉門、利用門、麰麥門、蠶繅門、蠶桑門、織紝門、纊絮門及麻苧門，凡農桑所需的器物，無不畢具，繪圖立說，極為詳盡。第三部分為穀譜，分十一集：集之一至二為穀屬，集之三為蓏屬，集之四至五為蔬屬，集之六至八為果屬，集之九為竹木，集之十為雜類（苧麻、木綿，茶等），集之十一為飲食類（這類內闕「豳七月詩說」及「食時五觀」二篇，各本皆同）。

這部書作於元皇慶癸丑（公元一三一三年），離今已有六百四十多年了，讀起來還覺得語語翔實，通俗合用，不僅總結了古代農業科學的好的經驗，而且，更有新的見解和新的創造。四庫提要云：「圖譜中所載水器，尤於實用有裨。」的確，在灌溉、利用二門裏，有的水器是很重要的創作。王禎自云：「既述舊以增新，復隨宜以制物，或設機械而就假其力，或用挑浚而永賴其功。」（灌溉門引言。）圖譜的最後，附有法制長生屋，造活字印書法等。造活字印書法乃是乾隆時的武英殿聚珍版程式一書出版前的一篇最詳盡的敘述活字印書的方法的文章，極為重要。其中說，有用燒熟瓦字的，有鑄錫作字的，又有雕板木為字的。從宋代畢昇創作膠泥活字版後，到了十四世紀的初期，已進一步地用到錫活字和木活字了（歐洲用活字印書開始於十五世紀中）。敘述撿字方法，說：「凡置輪兩面，一輪置監韻版面，一輪置雜字版面，一人中坐，左右皆可推轉摘字。蓋以人尋字則難，以字就人則易。此轉輪之法，不勞力而坐致字數，取訖又可鋪還韻內，兩得便也。」這也是一個創造。我從前見排版的工人們皆立而摘字，所謂「以人尋字」的，卻沒有利用到六百四十多年前就已發明的這種坐而摘字，「以字就人」的科學方法。

這部農書是徐光啟農政全書出版之前最詳盡的農業科學的總集，因時制宜，因地制宜，創造性地而又結合實際地敘述著許多耕種、繅織的技術。沒有一句空談，沒有不能見之實用的幻想。作者是把農民們的實際的經驗總結起來的，所以，決不是一部「閉門造車」的書。我們應該把這部書作為農業學校裏的必讀的教科書才是。

這部書的作者王禎，生平不詳，只知道他「字伯善，東平人，曾官豐城（按疑應作「永豐」）縣尹。」他自己說，曾任宣州旌德縣縣尹。我在順治十三年刊本的旌德縣誌卷七官師誌裏，果然找到了有關於他的一段材料：「元貞元年（公元一二九五年）任。

東魯人。修學宮，建尊經閣，治壇、廟、橋、路，施藥濟人。」農書就在那時候開始寫的。因為要印行農書，所以創造了木活字。「試印本縣誌書，約計六萬餘字，不一月而百部齊成，一如刊版，始知其可用。」後二年，他遷任信州永豐縣。曾將這副活字攜而之官。這時，他的農書已經寫成了。「方欲以活字嵌印」，卻知江西已經命工刊版，遂中止。

農書的版本，除嘉靖本外，我曾在上海見到一部明「萬曆二載甲戌（一五七四年）濟南府章丘縣刊行」的本子（福建重刻武英殿聚珍版叢書中的農書即從此萬曆年山東刊本出），顯然是翻刻那部嘉靖本。錢曾讀書敏求記載王氏農書，說：「農桑通訣六，農器圖譜二十，穀譜十，總名曰農書。」其內容正與嘉靖本同。惟他未注明版本，不知所收的是嘉靖本還是萬曆本。清乾隆纂修四庫全書時，從永樂大典裏輯出這部農書來。按大典目錄，卷之六百二十五到卷之六百四十，共十六卷，所收皆為農書，惟在農書十四、十五下，注：農桑輯要，在農書十六下，注：農桑衣食輯要。在「農書一」至「農書十三」下，則並未注有書名。四庫全書農書提要云：「永樂大典所載並為八卷」，則其中有八卷是王禎農書。至所餘五卷究是何書，則今已不可得而知了。我曾將從大典本書的內聚珍本農書和嘉靖本對校了一下，異同不多，可見大典所收乃是王氏全書，且是最近於王氏原本的本來面目的。惟大典本有王氏的農書原序，云：「為集三十有七，為目二百有七十」（嘉靖本無此序）。大典既併之為八卷，內聚珍本又分之為二十二卷，衹有嘉靖本作三十六集，尚存原本規模。究竟內聚珍本分作二十二卷有何根據呢？據提要說，是根據讀書敏求記的。但我們所見的各本敏求記從沒有將農書分作二十二卷的。不知當時館臣所見的是何本敏求記。好在原書的篇目次第俱在，固不難於恢復原本的本來面目。這部分作三十有七集的恢復本來面目的農書希望能夠早日重印出版。現在，不要說嘉靖本，或萬曆本農書已在市上絕跡，就是內聚珍本，福建重刻聚珍版叢書（江西和浙江重刻的聚珍版叢書，均無農書在內），廣東廣雅書局重刻閩聚珍版叢書，乃至石印小字本、鉛印本的農書，也都成了「可遇不可求」之物。像這樣的一部重要的而且必讀的農業科學的古典著作，是值得幾位專家們儘快地花費若干時日，把它整理一下的。

劉基（傳）：多能鄙事

多能鄙事是一部流傳得相當廣的民間日用書，從飲食、服飾、器用、百藥、農圃、牧養，一直到陰陽、占卜等類，凡人民日常所必需的科學常識，以及吉凶趨避之術均具於書中。全書分春、夏、秋、冬四卷，每卷又分三卷，共十二卷。今所見最早的刊本是明嘉靖十九年（公元一五四〇年）青田縣儒學教諭程法所刊的，又曾見一部稍後的本子（萬曆刊），亦有程法的序。這書的作者相傳是劉基。「劉伯溫」這個名字，在民間是人人知道的，他的知識廣博，多能鄙事，未占先知，料事如神，也是人人都曉的。流傳很廣的預言書之一：燒餅歌，就相傳是他作的。這部書從第八卷起，足足有五卷，述的都是：「大小六壬課」、「營造吉凶」、「營生雜用」、「上官出行」、「麻衣道言」、「雜占法」等，依托於他的所作，是不足怪的。惟第一至第七卷則多實用的知識，像「造酒法」、「造醋法」、「糖蜜果法」、「洗練法」、「染色法」、「理容方」、「種水果法」、「種藥物法」、「養治六畜法」等，大類「齊民要術」、「飲膳正要」、「農書」所述的，有時且加詳，補其所未備。可能有些「經驗」良方，是很有用、有效的。像「理容方」裏的烏鬚方，治落髮方等，不知有人試過沒有。又像「洗糙鐵驪布法」云：

「松子肉研細糝之，不脆」。

又法：「用好茶末少許入糊糝之或煎濃茶入香油一滴糝，亦佳。」（卷之四服飾洗練法）

「鐵驪布」，在明代很風行，今日似已不大見到（比湖南瀏陽出產的夏布更薄、更細、更脆硬）。像這樣的小小經驗，都是出於實際的多次試用的結果，然後才加以推廣的。但有些經驗卻頗為怪誕，是屬於民間的迷信、禁忌的一流，則是五百多年以前的社會裏所不免會產生的。不過，我們對於推廣那些「經驗良方」等等，卻要特別加以小心。非得有確實的試驗的結果，不宜冒失地便加以採用。我有一個想法：對於古代流傳的許多種植法，食物、水果保存法，酒醬釀造法，理容法，養治六畜法，以及經濟良方等等，應該分別由有關部門，像農業研究所，食品工業部門，醫藥衛生部門等等，加以有組織、有系統的試驗。是好的，就要發揚之。是有害的，就要加以批判、駁斥，不能聽任其「謬種流傳」。總之，在保存和發揚古代優良的傳統和經驗的同時，還要對人民的健康和生產安全負責。這一段話。不僅是專指多能鄙事這部書說的，也適用於一切我底下所談到的好些類似的書。不然的話，不免要成為胡亂介紹若干謬誕的經驗和方法了。

無名氏：居家必用事類全集

像這樣一類書，為民間日常所需要的，歷代都有不少，惟不易流傳下來耳（今所知的，在宋代、元代就有不少部。唐代和唐代以前的卻絕少保存下來）。人民是需要這一類日常顧問式的百科全書的。在二十多年前，商務印書館印的日用百科全書就頗受歡迎。上次述的一部多能鄙事，也就是其中之一。這部居家必用事類全集無撰者姓氏——像這一類的書都是不易知道確實的作者的——是明代萬曆初年的經廠刊本。分甲至癸十集。甲集是「為學」和「家書通式」等。乙集是「家法」、「家禮」，末為「族葬圖法」。丙集是「仕宦」，卻有「周公出行吉日」、「百怪斷經」、「夢寐因想」三項包羅在內，足征仕宦者的「患得患失」的心理。丁集為「宅舍」，並及「牧養良法」。

戊集為「農桑類」，卻附以「文房適用」、「寶貨辨疑」。己集為「諸品茶」以至「酒麵類」、「飲食類」。庚集為「飲食類」、「染作類」、「香譜」、「閨閣事宜」。辛集為「吏學指南」。壬集為「衛生」，以「養老奉親書」、「治諸病經驗方」為主。癸集為「謹身」，以「三元參贊延壽之書」及「修養秘論」為主。其中，以丁、戊、己、庚、壬五集為最有關於民生實用，甚類多能鄙事。其他五集則專為仕宦和學人們準備的，和老百姓關係不大了。其中有許多種植、牧畜、釀造之法和治諸病的經驗良方可與多能鄙事相印證相補充。寶貨辨疑是典當鋪的教科書，相傳的都是鈔本。這卻是最早的見於「刻本」裏的。明胡文煥刻「格致叢書」，卻把它抽出作為一部單行的書印出。

鄺璠：便民圖纂

這部書很有用，但不多見。錢曾讀書敏求記云：「便民圖纂不知何人所輯。鏤版於弘治壬戌（公元一五〇二年）之夏。首列農務、女紅圖二卷。凡有便於民者，莫不俱列。為人上者，與豳風圖等觀可也」。章鈺云：「明史藝文志：農家類鄺璠便民圖纂十六卷。是書為璠撰無疑。同治蘇州府誌名宦：璠字廷瑞，任丘人，進士。弘治七年（公元一四九五年）知吳縣，循良稱最。」（敏求記校證卷三之中）我所藏的一部明萬曆癸巳（公元一五九三年）刊的便民圖纂，于永清序上就說：「鄺廷瑞氏便民圖纂，自樹藝占法以及祈涓之事，起居調攝之節，蒭牧之宜，微瑣製造之事，捆摭該備，大要以衣食生人為本。是故繪圖篇首而附纂其後，歌詠嗟嘆以勸勉服習其艱難。一切日用飲食治生之具，展卷臚列，無煩咨諏。所稱便民者非耶？」北京圖書館也藏有一部嘉靖甲辰（公元一五四四年）藍印本，有歐陽鋒、呂經二序，黃昫道、王貞吉二跋。惟弘治原刊本則未見。嘉靖本為十六卷，萬曆本則衹有十五卷。蓋以萬曆于永清本，把農務女紅二圖並作一卷了。其餘耕獲類（麻屬附）、桑蠶類、樹藝類（二卷）、雜占類、月占類、祈禳類、涓吉類、起居類、調攝類、牧養類及製造類（二卷）等，凡十一類十四卷，則嘉靖、萬曆二本皆同，文字也沒有什麼歧異。惟嘉靖本的農務、女紅圖甚為粗率，有的幾乎僅具依稀的人形。萬曆本的插圖，則精緻工麗，儀態萬方，是這個時代的最好的木刻畫之一。農務凡十五圖，女紅凡十六圖，出於傅汝光、李楨、李援、曾中、羅錡諸人所刻。他們都是這時代的北方刻工之良者。這個「耕織圖」可信是從宋代樓璹的本子出來的。鄺璠題云：「宋樓璹舊製耕織圖，大抵與吳俗少異。其為詩又非愚夫愚婦之所易曉。因更易數事，繫以吳歌。其事既易知，其言亦易入。用勸於民，則從厥攸好，容有所感發而興起焉者。」他所撰的吳歌的確是平暢易曉，特別是用了「山歌」體，吳人是會隨口歌之的。像「下壅」云：

稻禾全靠糞燒根，豆餅河泥下得勻。
要利還需著本做，多收還是本多人。

於施肥的功效說得簡單而明瞭。又像「餵蠶」云：

蠶頭初白葉初青，餵要勻調采要勤。
到得山上成繭子，弗知幾遍喫辛艱。

這些，都是可以順口歌唱出來的。樓璹寫的耕織圖詩，四庫全書總目提要曾加以著錄，卻沒有「圖」。今所見的「耕織圖」的刻本，當以此書所附的「農務」「女紅」二圖為最早了。「耕獲類」的開宗明義第一章便是「開墾荒田法」：

凡開久荒田，須燒去野草，犂過，先種芝麻一年。使草木之根敗爛，後種五穀，則無荒草之害。蓋芝麻之於草木，若錫之於五金，性相制也。務農者不可不知。

如果這個法子試之有效，則對於今天開墾荒地的農民是有很大的好處的。在「調攝類」裏，有治「鼓脹」（血吸蟲病）方三。不知中醫們知道不知道，有沒有用過。這於南方好幾省的農民們關係很大，故錄之如下：

〔紫蘇子湯〕蘇子（一兩）大腹皮、草果、厚朴、半夏、木香、陳皮、木通、白朮、枳實、人參、甘草（各半兩）水煎，薑三片、棗一枚。

〔廣茂潰堅湯〕厚朴、黃芩、益智草、豆蔻、當歸（各五錢）黃連（六錢）半夏（七錢）廣茂、升麻、紅花（炒）吳茱萸（各二錢）甘草（生）柴胡、澤瀉、神曲（炒）青皮、陳皮（各三分）渴者加葛根（四錢）每服七錢，生薑三片，煎服。

〔中滿分消丸〕黃芩、枳實（炒）半夏、黃連（炒，各五錢）薑黃、白朮、人參、甘草、豬苓（各一錢）茯苓、乾生薑、砂仁（各二錢）厚朴（制一兩）澤瀉、陳皮（各三錢）知母（四錢）共為末，水浸蒸餅，丸如桐子大。每服百丸，焙熱，白湯下。

這部書的全部都可以說是適合於農民們日常應用的，與「居家必用」至少有半部是為「學士大夫」們所適用的不同。我想，雖然其中不免有迷信、禁忌之語，但大體上是「便民」的，也應該在加以整理後印出，供農業部門和醫藥衛生部門等專家們的參考。

無名氏：墨娥小錄

在一家古書店的架上，看到一函袖珍本的書，題作墨娥小錄。這書名甚奇。不知道書裏究竟講的是什麼。便取下來看，原來是多能鄙事這一類的東西，也不知是何時人寫作的。首有一序，題光緒癸未（公元一八八三年）武林玉書振麟氏隸。又有學圃山農一序，明說是明隆慶間胡君文煥所重刊的。其中多有製造秘方、種植巧技和養禽宜忌，香譜、牙牌譜等。小小妙術，多有「談言微中」之處。後在上海，得明刻本一部，已將書名改過。回到北京後，又在邃雅齋獲明胡文煥刻本一部，即所謂「格致叢書」本的。為了要搞清楚這一部的來源，又到北京圖書館檢閱館藏的（一）天一閣舊藏明藍格抄本和（二）明隆慶辛未（公元一五七一年）吳繼刊本。這兩部恐怕都不是全書。胡文煥本凡十四卷，天一閣本卻祇有頭五卷，吳繼刊本卻祇有頭六卷。第七卷以後，不知吳本為何脫落了。頗疑原來是完全的。吳繼的序說道：「自文藝、種植、服食、治生，以至諸凡怡玩，一切不廢。如元凱武庫，隨取具足。不知輯於何許人，並無脫稿行世。晦且湮者亦既久矣。客有訪余，出共閱之。以為民生日用所需甚悉。居家必用及多能鄙事，便民圖纂類諸所未備者，聿皆裁之。按簡應事，則愚可明，拙可巧。鋟而廣之，亦覺世之一道也。」按種植、服食、治生諸類在第八卷到十一卷裏。由此可證吳繼刊本並不缺，惟北京圖書館所藏吳本，卻是一個殘本耳。光緒間刻的袖珍本也非全書。獨胡文煥本最為完備。本書所述的秘方妙訣，有不少的確可補多能鄙事諸書之所未備。但荒誕無稽的話卻更多。修真養性，丹房燒煉，乃是明代中葉以來一部分士大夫們的幻想。居然有人信以為真，以為仙人可致，仙境可登。像屠隆所作的「修文記」劇曲，就真的是「滿紙荒唐言」也。這個風氣越傳越盛。直到農民大革命起來之後，官僚地主們的修仙迷夢方才被驚醒了。但除了那些不經的荒誕之談以外，「小錄」裏畢竟還有不少科學技術方面的好的成就和經驗的記錄。這些成就和經驗，其創始者和發明者們，雖都已姓氏湮如，但在日常應用上和科學技術史上，卻大是值得注意保存之，甚至應該加以發揚光大之的。譬如，造漿糊就有兩法：

〔糊法〕乳香、白芨粉（即膩粉），明礬黃蠟膠更兼白石鉗（石灰也），永保百年牢。

〔粘合糊〕糊內入白芨末豆粉少許，永不脫。

粘瓷器法是：「糯米粥和雞子清，研極膠粘，入粉些少，再研用，妙甚」。這些都是可以在試驗有效後加以推廣的。像這一類的「玩意兒」還多得很呢。又像「打餅三五日尚軟條」云：「和麵時入鹽、蜜各少許在內，可留三五日永不硬」。這方法如果試之有效，和民生是頗有關係的。其中「藝術戲劇」一門（卷六），尤多有關古代的「化學變化」的話。像造「煙火」就有很多的方子。像「鉛化錫」就有兩個方子。染色的方法尤多。他們把那些化學變化都叫做「藝術戲劇」，正如把「火藥」的發明，用作炮仗和煙火一樣。在那些遊戲項目裏，可能會找出些新的東西來。又這書的每個本子，可能都會「後來居上」，新增些「東西」進去。吳繼的刻本，就比明鈔本多出若干則來。像千里茶（卷四）以下三則，枯痔藥方（卷五）以下五則，都是鈔本所無而為刻本所增的。像這一類書，明代中葉以後，寫作得甚多。在格致叢書、夷門廣牘和寶顏堂秘笈裏就收有不少部。獨高濂（作玉簪記的）的遵生八箋是單行的。它們往往包羅萬象，而尤著意於養性修真。打坐練丹諸術，與墨娥小錄大體是同一類的東西。我只舉最早的一部墨娥小錄談談，不再話及其它的了。

汪懋孝：梅史

古書之失傳者多矣。幸而孤本相傳，偶一遇之，得不像愛護頭眼似地愛護它麼？我在杭州一書肆，獲見梅史，即詫為未見書，亟購得之。攜之行篋，不離左右，可謂珍惜之至。作者汪懋孝，字虞卿，休寧人，大概是一位畫家。吳子玉的序道：「予邑汪伯子虞卿，乃獨耽而專焉，為一時邑之畫學所稱。」一書為萬曆間（約一六〇〇年）所刻，甚精，刻工為黃時卿，是一個徽派版畫刻工的能手。首有「寫梅敘論」七則：原起、名法、楷模、筆墨、造妙、師承及鄭重。以下就是「插圖」了。窮態極妍，盡「梅」的清奇與古拙之致。宋代有宋伯仁的，曾刻梅花喜神譜。乾隆間，沈氏曾翻刻之。知不足齋鮑氏也刻之，收入「叢書」第二十六集。夷門廣牘裏有「羅浮幻質」一卷。明末，黃氏刻畫譜八種，其中也有劉雪湖梅譜。關於論畫梅的書是「我道不孤」的。獨此梅史為最罕見。今人翻刻古畫，於精緻的界畫，飄拂的衣袂，纖麗的蜂蝶，乃至博古、人物，均能不失原作的精神，但於翻刻老幹嫩枝時，則筆力大弱，僅具形似，少有生氣，完全抹煞了「清影橫斜」的風度。黃時卿刻梅史，則刀法極有力，也能表現出畫家的本意來。這裏面一定有些道理，應該加以深刻的研討。

余象斗：列國志傳

這部書大有歷史。它是一家上海古書鋪的「專家」，到徽州收書的時候，從廢紙堆裏「救」出來的。這件事還曾見之於新華社的上海通訊。這麼一部小說有什麼了不起，值得這樣「大張旗鼓」地宣傳著呢？這裏面有文章。余象斗是明代萬曆年間（一五七三——一六一九年）的福建省建安縣的一個「出版家」。曾經刻過不少書，而以小說書刻得最多。他刻過水滸，刻過三國，刻過兩晉志傳，刻過四遊記。這部列國志傳也便是他所刻的。他不僅刻書，他還編書。四遊記裏有南遊記和北遊記，就是他自己動手編輯的。他是一位與人民大眾密切結合的出版家。我們要知道，在封建社會裏，編刻

「小說」的人是多麼被「衛道之士」看不起！不是說他們誨淫、誨盜，就是咒詛他們要被「天火」燒家。然而，老百姓們是多麼需要看些不是頌揚皇上聖明的，與他們自己有些益處的，且是能夠使他們感動，使他們興奮，使他們驚嘆，使他們時而泣，時而笑，時而喜，時而悲的文學作品啊。余象斗，還有其他有勇氣而不顧「世俗」誹笑的出版家們（主要是在建陽、南京、蘇州、杭州一帶的），便供應了他們的這種需要。我們到今天還能夠見到許多「不登大雅之堂」的小說、戲曲，可以說應該感謝他們。然而這一類的「閑書」看的人越多，便越容易散失、毀亡。倒不是被燒掉——當然，有些「衛道之士」是要聚而焚之——而是因為看得人多，借來借去，看拋掉，看散失了，甚至看得紙張腐爛了，就此完蛋。所以，這些受老百姓們歡迎的小說書等，最難流傳得下來。還有，古代好版本的書，像宋刻本、元刻本、明鈔本等等，藏書家們還知道十分寶愛，逃難時，每每挾之而逃，故能夠歷劫猶存。像這些小說書呢，原是消閑之物，「不登大雅之堂」的，誰還肯慎重地保存、保護著他們呢？以此便消滅得更快、更易了。建安版的小說書，而每在安徽出現，這說明了安徽省，特別徽州一帶地方，變亂比較少，罕遭兵燹，故「閑書」等等，還比較地能夠保存下來。我曾到過建陽（即建安），那裏是什麼也沒有了。書店早已歇業——可能在清初，至遲在清代中葉，就不見有建版的書了——

要找一本明代建版的書，難如登天，更不用說什麼宋、元時代的建版書了。只剩下夕陽斜照在群山上，證明那裏曾經是「盛極三朝」（宋、元、明）的一個出版中心而已。余氏世業刻書。所謂宋余仁仲本的禮記鄭注更有大名。這個余象斗，可能就是宋代（南宋：一一二七—一二七九年）余家的後裔吧。那麼，他的一家，經營出版事業，至少已有三百多年了。世界上有像他家似的歷史那麼悠久的一家出版商麼？

余象斗字文臺，號三台山人。他所刻的書，有一個特點，那就是繼承了宋、元以來的建安版書籍的型式，特別著意於「插圖」，就像現在印行的「連環圖畫」似的，上層是插圖，下層是文字。圖、文並茂，使讀者們閱之，興趣倍增。這部列國志傳也就是刻成這樣古老的型式的。插圖雖是狹長的一條，人物形像雖小，卻十分生動活潑，一望而知，繪、刻的工夫不淺。內容方面曾與陳眉公本的列國志傳相對讀，差別不大。

這部書，上海古書鋪一下從徽州得來，只殘存一冊，即最後的第八冊。像這樣的小說殘本，我們為什麼如此的看重它呢？倒不完全為了它是明代余象斗的刻本，刻得精美，流傳得極少之故，更重要的原因，還為的它是從廢紙堆裏「搶救」出來的。原來，禁止以古書造紙，早已有了明令。但未能貫徹下去，各地造紙廠，不知毀壞了多少有用的好書和資料。四川省曾經搶救出「隻手打孔家店」的吳虞的日記的稿本，足足有百冊。浙江省救出了太平天國時代做過上海道，和帝國主義者們勾結起來，組織「常勝軍」的吳煦家裏所保存的檔案。南京趙世暹先生曾從論擔稱斤的舊書裏，獲得了宋刻本的金石錄三十卷的全書。上海方面，也在造紙廠所收集的將作紙漿的舊書裏，找出了不少好書、好資料。沒有被發現而在不聲不響之中被毀滅了的好書、好資料，更不知道有多少！一旦失去，從此不見天日！安徽省是一個文獻之邦，徽州一帶，尤為古舊書籍集中之地。據上海的那位「專家」告訴我，一扎一扎的古書，不知道有多少，在等待著「入鍋化漿」。他想仔細地檢查一番，但造紙廠的人卻不耐煩了，只好草草地收場回來。又曾看見炮仗鋪裏，用明朝白綿紙印的書，撕得一頁半頁的作為鞭炮的心子，據說，用這種好紙做炮仗，會放得特別響。他和他們商量，能否在紙堆裏檢些什麼出來。但他們乾脆地拒絕了，連紙捆子也不讓打開。這不是很可傷心的事麼？不僅安徽省得好好地、大力地杜絕這樣的糟蹋、毀壞文獻和科學研究的資料的事的繼續進展下去，別的地方也應該同樣努力地防止把古書作為廢紙，作為造紙漿的原料。有的地方，收廢紙的人為了怕文化部門的人打麻煩，在打包運出之前，就把整本、整部的書，故意地先行撕破扯爛，省得有人來檢拾什麼，正像收集「廢銅」的「社」，收到古代青銅器或舊的銅佛像等等，便先行打爛敲碎，碎得一片片地，一小塊一小塊地，以免「文管會」等等的人來挑選。我們不明白，這是什麼一種心理在作祟！這一冊列國志傳是幸運地不至「寃沉海底」了，但其他「七冊」呢？已化為紙漿了！見此一冊的得「救」，益盛感他冊，乃至無數他書的不能及時「救」出的痛心！這便是我們之所以要這樣「大張旗鼓」宣傳這部、或這一冊書的主要原因了。

玄燁：康熙幾暇格物論

對於事物有新鮮的感覺有縝密的考察，因而發現或發明些科學原理或規律，或有益於人類的動、植物的新品種的，在中國古代實「大有其人」。且舉一個比較新鮮的例子吧。

豐澤園中，有水田數區，布玉田穀種。歲至九月，始刈穫登場。一日，循行阡陌。時方六月下旬，穀穗方穎。忽見一科，高出衆稻之上，實已堅好。因收藏其種，待來年驗其成熟之早否。明年六月時，此種果先熟。從此生生不已，歲取千百。四十餘年以來，內膳所進，皆此米也。其米色微紅而粒長，氣香而味腴。以其生自苑田，故名御稻米。一歲兩種，亦能成兩熟，口外種稻，至白露以後數天，不能成熟。惟此種可以白露前收割。故山莊稻田所收，每歲避暑用之，尚有贏餘。曾頒給其種與江、浙督撫、織造，令民間種之。聞兩省頗有此米，惜未廣也。南方氣暖，其熟必早於北地。當夏、秋之交，麥禾不接。得此早稻，利民非小。若更一歲兩種，則畝有倍石之收，將來蓋藏，漸可充實矣。

這一段話見於康熙幾暇格物論，（御製文第四集卷二十六至卷三十一）亦見引於乾隆本授時通考。清末，宗室盛昱亦曾將此編六卷抽出，錄為兩本，石印行世。只為了在豐澤園的阡陌上走走，留一下子神，便發現了「御稻米」這個「嘉穀」，「利民非小」！今此種「御稻米」，不知北京附近尚有種之者否？想不至絕種。應該大大地提倡一下方是。在同書裏（卷二十六），又有「白粟米」一則云：

粟米（本草，粟米即小米）有黃白二種。黃者有粘有不粘。本草注云：粟粘者為秫，北人謂為黃米是也。惟白粟則性皆不粘。七年前，烏喇地方樹孔中，忽生白粟一科。土人以其播獲。生生不已，遂盈畝頃。味既甘美，性復柔和。有以此粟來獻者。朕命布植於山莊之內。莖幹葉穗，較他種倍大，熟亦先時。作為糕餌，潔白如糯稻，而細膩香滑殆過之。

這也是偶然的「發見」。而「白粟」的一種，便自此傳遍各地了。玄燁是一位英明的人物。他對於「新鮮事物」，處處留神，事事研究。現在故宮博物院裏還藏有不少他所用的儀器。有的儀器，還是從英國來的，但也有中國自己製造的。康熙這一個時代（一六六二——一七二二年），很值得我們歷史學家們和科學史家們研究一下。又，我國各地區的稻、麥諸「穀」，品種豐富極了。我相信，可能還會有像發見「御稻米」和「白粟」那樣的「嘉穀」的優良種子的機會。祇要大夥兒仔細留神，處處注意，就會有碰到這個機會的可能。農村的「合作社」裏，有經驗豐富的「老農」，也有學過農業科學的青年們，他們短不了天天在阡陌上跑，倒要留點神，多觀察觀察，可能會有什麼優良的新品種給他們發見出來呢。那便於國計民生，關係非淺了。

王世懋：學圃雜疏

這是一部老老實實地講究種花植果的書。一切平易近人，可以見之實用，沒有怪誕可驚的議論與方法。此書凡三卷，第一卷是「花疏」，第二卷是「果疏」、「蔬疏」（附水草）、「瓜疏」、「豆疏」及「竹疏」，第三卷為拾遺，除補第一、二卷所未及者外，並附錄慎懋官的「華夷花木考」裏的若干則，那些是他自己所未曾述及的。我們最怕的是輾轉抄襲，陳陳相因的書。好的書卻是語語從自己經驗中來的，不僅是第一手的材料，也是第一流的文章。像世懋這部書可以當得起這樣的好評了。他隨筆札記自己的種植花果的經驗，不抄掇前人的隻字片語，的確是一部有用的好書。就散文而論，似淡而實濃郁，似淺而實深厚，也可列入明文的上乘。寶顏堂秘笈曾收入此書，卻祇有一卷，是把原書的第一、二卷合併為一的。首有萬曆丁亥（公元一五八七年）世懋的序。世懋為世貞弟，談藝多崇慕世貞語。但四庫提要以其間有不贊同王、李語，便大加讚許，所以祇有那部藝圃擷餘是收入「四庫」的，其餘的像學圃雜疏等書，就都被列於存目裏了。我這部學圃雜疏是在王奉常雜著裏的。「雜著」卷前有「翰林院」印，當即是當時「館臣」所用的那一部了。

周文華：汝蘭圃史

上海的舊書店在清理底貨。我聽說修文堂清出此書來，亟向之購取，則已為北京來薰閣所得。回京後，乃向來薰閣取得。在論園藝的書裏，這是一部比較詳明的好書。凡十二卷，從月令、栽種十二法、花果部、木果部、水果部、木本花部、條刺花部、草本花部、竹木部、草部，到蔬菜部、瓜豆部，條理甚為明悉，栽種的技術也敘述得頗詳細。序目均作「致富全書」，顯係後來挖改。蓋後人以種植花果足以「致富」，乃為易此名。首有萬曆庚申（公元一六二〇年）陳元素序，又有王元懋序及自序。他自云，得顧長佩手訂花史十卷，乃周允齋所輯。「稍恨其詮集未該」，遂以耳目睹記，加以增補。周允齋的花史，書中引作「允齋花譜」，今未見。但這部「圃史」卻是後來居上的。他的確增加了不少自己的經驗進去。有許多的種植方法和經驗，是今天還應該加以重視的。周文華字含章，吳郡人。吳郡的「花農」現在還馳名遐邇，的確是纍積了豐厚的傳統的優良經驗的。在搞農業副產方面，像這一類的書是極有用的，還應該多搜集，多流傳，多加以實驗，並於實驗後，多加以推廣才是。

談買書

買「書」不是一件簡單、容易的事，也不是派某某總務科的工作人員，出去到書店裏跑一趟就能解決問題的。買「書」是要花費一些工夫的，是要有些經驗的。就個人說來，在書店裏東張西望，東挑西選，其本身就有無窮樂趣。到布店裏買花布，還得東挑西揀，何況乎買「書」。「書」是多種多樣的，花色最為複雜。有中文書，有外文書。中文書裏又分新書、舊書、古書，平裝書、線裝書，文藝書、科學書、經書、子書，和史部書、集部書等等。外文書的門類更為繁多了，除了文字的不同，像俄文、法文、英文、日文等等之外，又除了大批的文藝作品之外，單是自然科學一類，就有無數的專門項目，非搞這一行的專家來挑選，是連「書名」都不會弄得明白的。買外文雜誌，更為麻煩，也必須經過專家的指定，方才可去訂閱。否則花了大價錢，買了回來，「張冠李戴」，全無用處，未免要一場懊喪。國家的外滙不應該花得這樣冤枉！

且說，自從提倡向科學進軍以來，各個學術研究機關，各個大專科學校，都在大量的添購新書，特別是新成立或將要成立的研究機構和學校，買「書」更為積極。他們常派了專人到北京和上海來買「書」。來一趟，總是滿載而歸。不要說新書了，就是古、舊書也有「供不應求」之概。一家古書店印出了一冊書目，不到幾天，書目裏的古書，不論好版、壞版，明版、清版，全都一掃而空。有若干種書，僅祇有一部的，卻同時有好幾個單位來要。「倒底給誰好呢？」他們常常這樣的遲疑著。比起去年「門可羅雀」的情況來，真有天淵之別。現在看看他們幾家老鋪子的書架上，陳年老古董已經出脫得差不多了。架上漸漸地空虛起來。他們有些著急。「來源」問題怎麼解決呢？而買的人還是源源而來，而且氣魄來得大。

「你們這裏一共有多少書？」一個外來的顧客向剛開張三天的上海古籍書店裏的人問道。

「有十五萬冊上下。」

「這十五萬冊書，我全要！請在幾天之內就開好書單，我好付款。」這家店裏的許多夥計，乃至經理等，全給他嚇唬住了。只開張了三天，而「書」全賣空了，以後將怎麼維持下去呢？而這一大筆買賣又難於推卻。怎麼辦呢？大費躊躇。下文不知如何？好像是不曾成交，而被他們用婉辭給擋回去了。否則，那家「古籍書店」不會到今天還開張著。這位黑旋風式的顧客，可謂勇敢無比，大膽之至的了。在那十五萬冊古書裏，有多少複本書，有多少沒用的書，有多少種的書，非對某種科目特別有研究的某些專家是根本上用不著的。甚至也不會看得懂的，他卻不管三七二十一，一古腦兒「包買」了下來。前幾年，有過這麼一回事。每到年底，某某機關或某某大學，購書的經費有剩餘，就派人到新華書店，不管有用沒用，每部買個一本到三本。「我全要！」如聞其慷慨之聲。更乾脆的是，「替我配個三萬元的書！」於是，每年在新華書店積壓不銷的書，至此乃出清一大部分。聽說，上述的那位顧客是替一個正在籌備中的大學買「書」的。而那個大學在開頭幾年之內，還只辦「理科」，沒有「文科」。那麼，買這十五萬冊古書何用？是為了「未雨綢繆」，生怕以後買不到？

又是一個笑話。一個買主到了上海來熏閣，看見一堵牆面的幾個書架上還滿滿地堆滿了古書，就問道；「這些架上都是些什麼書？」

「是集部書」。

「是集部書，我全要！」口氣好大！也不知後來究竟成交了沒有。

中國科學院圖書館館長陶孟和先生告訴我：有某一個設在外省的研究所，派人拿了好幾冊國際書店印的外文雜誌目錄，要求圖書館替他們全部預訂一份。如聞其聲：「我全要！」但全部是三千多種呢！門類複雜得很，也有些祇是「年報」或「會務報告」性質的東西，買了來，根本沒用。陶先生翻了翻，就把他給頂回去了。

「要好好地挑選一下，不能全買！」

這個態度是對的。要有一個「關口」，審查一下那些亂花錢，亂買「書」的莽漢們的所作所為方是。否則，笑話還要層出不窮。鬧笑話倒不打緊，損失國家有用的資金，積壓應該供給別的專家們的研究的資料，那才不是「小事」呢。

我建議：如果要買「書」，書目非由「專家」開出不可。各研究單位或大學圖書館的人員，祇是綜合了各位「專家」所開的單子去「買」書而已。就是公共圖書館也應該時時請教當地的專家們，瞭解他們的需要，再動手「買」。

沒有拿「書單子」而來買大批「書」的人，不論新古書店或國際書店，均可以有權給他們頂回去。

「要買什麼，請拿書單子來！」

開得出「書單子」來的，那便是一位專家，或至少是一位接近於「專家」的頗有道理的，有些專門修養的人了。

談訪書

「天涯何處無芳草」，這句話對訪書者說來，是最恰當不過的了。那裏沒有好書、奇書，有用、有益的書呢？衹要有心去訪求，一定可以找出不少好東西來的。我在廣州圖書館裏，就看到宋版的楊誠齋集，那是清末從日本流回廣東的。向來楊誠齋集只見鈔本，未見宋刻本，雖然這部書破爛得很，卻是一個最晶瑩的珍寶。廣州圖書館從論擔稱斤的書堆裏把它救出來了。如今是，物得其所，廣東省把它送給北京圖書館，成為其中最好的宋版書之一。最近，北京隆福寺的文淵閣，從福建找到了不少鈔本的好書，其中有一部章潢的圖書編，是明鈔的，有彩圖。還沒有仔細地和明刻本對讀過，不知其異同如何。但可肯定的是，這鈔本比刻本早，彩色插圖，尤為重要，雖殘闕十多冊，北京圖書館亦收之。我也得到了三冊閩產錄異，二冊海錯百一錄（均郭柏蒼著，光緒間刻本）。雖是近刊，卻極不多見，以其是第一手的材料書，故收之。研究海產和南方的動植物者必當一讀，有許多記載是第一次見之於這兩部書裏的。

搜集革命文獻的人更常常在破爛紙堆裏找到極有價值的圖書資料。也是最近，北京同文書店得到了全套的婦女日報。他們極為高興。這家書店的主人劉君，對於這一門文獻，特別有研究。他曾從四川，從兩湖、兩廣，從沒有人注意的地方，耐心地細緻地為國家得到了很多好東西。像那些的深入探索，不怕費時費力地去訪求，我們的工作同志們似乎是不大有其人的。把書送上門去，有時還嫌其多事，擺出「老爺架子」，呼叱指責，動不動便戴之以「暴利」的帽子，怎能不把他們的訪書的積極性，弄得像把一盆冷水潑在熱炭上似的煙消火滅了呢！所謂「訪書」，是應該細心地耐心地急起直追地去訪求的。作為一個為圖書館採訪的幹部，一個負責國家搜集文獻的部門的人，絕對地不能坐在家裏等人送書上門。那樣的老爺架子千萬擺不得。那是十足的官僚主義的表現！至於送上了門還要嫌其多事，那麼，那樣的人物是沒有資格從事於這一部門工作的。

我自己十分地困惑：為什麼我去年冬天到了蘇州，就會發現蘇州那裏有三個地方在論擔稱斤地把古書賣給了收廢紙的人，其中一處就在城內。為什麼我今年春天到了杭州，也就會發現同樣的事件發生？這豈是「適逢其會」！在我未到之前，或在我離去之後，可以想像得到，這一類的事件是在不停地不斷地發生著。蘇州的文物幹部問我：「難道紳縉錄一類書也有用？」我說：「有用之至！這些書是原始史料的一種。」他說：「某處已經都稱斤作廢紙去了，足足有幾大堆。」我問：「追得回來麼？」他搖搖頭。常熟翁家夾衖裏的古書，已被賣給收廢紙的了，急急地去追尋，只追回來一小部分。杭州吳煦家裏的太平天國的和其他有關帝國主義者們侵略的資料和檔案，已被賣作廢紙了，虧得杭州某書店收了大部分下來。而未被某書店收下的七八百斤的資料，卻已被造成紙漿，無法追回了。這是應該「傳令嘉獎」的事，卻反而大受批評一頓。有好些地方的同志們，平時高枕無為，自己絕不動手，耳無所聞，目無所見，等到有人「發見」了什麼，便擺出「權威」面孔來，擡出「保存地方文獻」的金字招牌，禁止出口。在中華人民共和國的國境之內流通，怎麼會叫做「出口」？有某一個省，知道了北京的書店的人去買了不少書，就說：「不許動，我們自己要買的。」他們到底買不買呢？其實祇是「禁止出口」而已，他們自己未必買。但當地古書店的收書的積極性，就受到很大的打擊了。

我建議：凡到各地收古舊書刊的人，都應該受到當地文化部門的協助和鼓勵。凡收得好書、好資料的，就應該加以表揚。當地如果的確有需要，可以轉向他們購買下自己所需要的那一部分，完全不必要擺出那一副「禁止」、「不許動」的官僚架子。凡是能夠發現好書、好資料的人，就是對國家的科學研究事業有功勞，就應該加以協助和鼓勵。我們沒有力量、沒有時間去發掘出好書、好資料來、而那些古舊書店的收書的專家們，卻能發揮其特長，為科學研究事業作出有效、有益的貢獻，怎能不加以表揚呢？自從提倡科學研究和古舊書店公私合營以來，書店的營業頓時興旺起來，好書、奇書，有用、有益的書，從前輕易看不到的，如今竟不時的出現了。像石倉文選（明曹學全輯）就是新出現的一部好書。最全的一部石倉詩選，已被我們不肖的子孫賣到海外去了。我著意搜集此書，將近三十年，已有三大箱，所缺尚多。北京圖書館藏的那部石倉詩選，也不全。而這部石倉文選卻很少有人知其名（李之鼎叢書舉要著錄）。雖只二十卷，而其中好資料不少。這祇是舉一個例子而已。近來好書的確是像山間的清泉似地湧流不息。明刻本的西遊記和封神傳也已出現了。北京的古舊書店的收書專家們都已深入江南、湖、廣的鄉間去了。我們相信，他們將會有更多更好的收穫的。

訪書之道，亦不限於收書專家們的四出訪購。還有更重要的一條大路，我們正要走而未走。二千年前，漢成帝就曾使謁者陳農，求遺書於天下。我們今天為什麼不能派遣若干的「訪書」工作團呢？在土改裏，在接收各個機構的藏書時，有不少是被保存在各地文化館裏，鄉、區、鎮的人民委員會裏，縣的財政科裏，其中，有的是糊裏糊塗地被當作廢紙賣出去了；有的是被廢物利用，反摺過來，當作習學簿或賬簿去了。最好的運命是被封存起來，以待處理。那些被封存的圖書，究竟數量多少，很難估量。但為數極多，是可想像得到的。我親自見到的被封存在莆田文化館裏的書，就有四萬多冊。最近，據江西省的文化幹部報告，他的省裏有萬冊以上圖書的文化館就不在少數。假如，全國有二千個文化館或其他保存書籍的地方，每一處以一萬冊計，則已有二千萬冊的圖書可以得到了。這二千萬冊圖書的獲得，對於科學研究工作的進行將有多麼大的作用啊！而這些被保存的圖書，如果不及時地加以集中，加以整理，加以使用，則必將於短時期內有散失或霉爛之虞。舉一個例：蘇州同里鎮的人民委員會的財政科（？）裏就保存了很多的古書、古畫，全堆在地上，有的已經開始霉爛了。立刻就得開始工作！我建議：由中央組織十個或十個以上的「訪書工作團」，每團祇要一二個幹部，組織古舊書店裏的三四個收書專家們，一同到各省、市去，再加入各省、市的文化部門的工作同志們或專家們，就可以成為若干的分團了。他們分頭工作，不出幾個月，至少收集和整理的工作一定可以告成的。我們，包括我自己在內，老是「議而不決，決而不行」。這不是十足的官僚主義是什麼！應該起而立行，克服一切困難而立即開始！何況這個工作並不會有什麼不能克服的困難呢。

談整書

最苦惱的是找書。我常常說，如果有書而找不到，還不如到圖書館去借更方便些。但說起圖書館裏的「書」來，實在是千頭萬緒，不知從何談起好。圖書館裏的「書」，找起來又何嘗是容易的事！有些朋友把圖書捐給北京圖書館之後，自己要用，再去借，卻再也「找」不到了。有一位管普通書的人對趙萬里先生說：你們儘量把書挑選到善本部去吧，算是救出了它們。在我們這裏是「寃沉海底，不知何年何月才得重見天日」。的確，一箱箱，一捆捆，一包包的書，東藏一批，西放一批，有時還要像老鼠搬家似的被趕到東，或被遷到西。足足有一百八十萬冊的圖書，沒法整理、編目，與讀者們見面，供研究者們使用。其中，不完全是中文古書，也不完全是複本的「朱批諭旨」之類，盡有很重要的，現在正在需要的圖書，甚至包括若干新的俄文書籍在內。有一位外國專家到北京圖書館參觀，問道：

「你們館裏藏了多少冊書？」

「有四百萬冊上下」，館長答道。

「有多少冊已經上架了呢？有多少冊已經整理、編目，可供讀者們閱讀的呢？」

館長答道：「有二百二十多萬冊已經上架，已經整理、編目，可供讀者們的借閱，其餘一百八十萬冊還沒法整理。」

「那麼」，那位專家說道，「你館的藏書數量，衹能說是二百二十萬冊，不能說，是四百萬冊」。

這是很尖銳的批評，也是很正確的意見。不能流通使用的書，的確難於統計到圖書館的藏書數裏去的。更慘的是，有的書，因為長久擱在箱裏，十多年不見天日，有一次偶然開出幾箱出來看看，箱裏的書卻已經碎成紙屑，沒法收拾的了。這是多麼大的損失呢！

也曾作過幾次的努力：「要整理！」就是現在，也正在努力整理！前幾年，為了整理十萬冊不到的俄文書，還曾動員了不少人。但那些努力衹是斷斷續續地，有時鬆時緊之感。總之是，勁頭不大，沒有徹底解決的辦法。主要的原因是沒有地方供給他們整理，即使陸續整理出來了，也沒法上架。

是不是永遠沒法解決這個困難？不是的！應該可以解決，而且本來已經可以解決的了，而突然的阻礙橫生，忽有變卦，致使可以解決的困難，又成了不可解決的。原來在北京市政規劃裏，文津街一帶是劃作北京圖書館區的，這是我親自和北京市幾位市長們談定的。首先說定的是，北海裏的肺病療養院遷出後，即歸北京圖書館使用。這個療養院面積不少，有二百多間房子，雖不能全部解決北京圖書館的問題，但對於目前的困難，得此二百多間房子是可以解決的。不知什麼時候，據說是，經過一次市長辦公會議的決定，這個療養院的房子便劃歸北海公園自用了。我不知道北海公園要這二百多間房子何用。市長辦公會議的決定未必便是「法律」，盡可以再議再變的。北京圖書館如能發揮更大的作用，能夠更好地、更多地為科學家們服務，也便是北京市的一個光榮，其間並無矛盾之處。我希望他們能夠維持原定計劃才好。我國第二個五年計劃，其關鍵性所在是科學研究的進展。而科學研究工作的進行，其基礎之一是圖書館。北京圖書館乃是中國唯一的最大的國立圖書館，必須克服一切困難，使庫藏的四百多萬冊書都能為科學家們和其他專家們使用才好。

以上多談了些北京圖書館的事，那是因為我對它比較熟悉，且特別有感情之故。「天下老鴉一般黑」。我們看看天下的圖書館，能夠充分地發揮其應有的作用的，能夠盡了為科學服務的責任的到底有幾個？死氣沉沉，暗無天日（指沒有陽光而言）的不在少數。西安市是一個那麼重要的地方，但其圖書館是何等樣子呢！他們和我談過，新書少極了，外文書更少，購書的費用少得可憐。如何能夠盡其為新的大西安市的科學研究服務呢？即舊有的塵封的古書，也有許多還沒有整理出來。我曾經把他們的意見反映過，不知這一年來有沒有改進。

就在北京，把書堆在那裏沒有整理的有多少？有圖書館的單位，自己去檢查一下吧。每一萬冊裏已經編目上架，可供使用的有多少冊？從科學院圖書館、北京大學圖書館開始，把束之高閣的未編目上架的書籍，全部陳列出來，群策群力地做一番徹底的整理工作吧。有書而不加整理，不給人使用，不使其發揮應有的作用，不讓它們為科學研究服務，那就是把持資料，壟斷學術的霸道行為。也許，這句話說得分量太重了些，主要的原因，還是為了種種的客觀條件所限制，特別是，房子問題，不能全怪主持的人們沒有誠意，沒有計劃。

有一個外省的大學的圖書館，曾經向北京大學圖書館提意見道：「兩年之內，你們的圖書館如果還沒有整理好，那麼，我們就要來分了。」

「不激不發」。我相信，有一百萬冊或數十方冊書還沒有整理的圖書館，應該儘量發揮主動的力量，做好整理編目的工作，使之在兩年之內，把那麼許多不見天日的有用的圖書，從箱子裏，從堆在黑房的一包包一捆捆裏解放出來，給想使用、十分需要使用它們的讀者們閱讀。

有一個督促加速整理的辦法，凡新書沒有整理好的，暫時停止買新書，古舊書沒有整理好的，暫時停止買古舊書，外文書刊沒有整理好的，暫時停止買外文書刊。等到把舊的整理好了，才能買新的。否則越積越多，何年何月才能清理完畢呢？再者舊的沒有整理好，特別像古舊書之類，也沒有法子再去購買，因為不知究竟已經有了沒有這些書。這雖是「因噎廢食」，但未嘗不是一個好辦法。新書、外文書待用迫切，也許不適用這個辦法，但像古舊書，就完全可以用之了。

關於整理編目的方法，應該是「卑之無甚高論」，不要高談什麼式的「分類法」，祇要能找到書就行。一本排架目錄，比沒有目錄總強得多。書按整理的先後上架，目錄就照此寫下去。這個工作就是沒有學過任何分類法的人也都可以做。然後，再寫「著者索引」和「書名索引」，那便更方便讀者們的檢書了。「行有餘力」，然後才再從事於「分類索引」的編製。現在的整理工作，進行得十分緩慢之故，其原因之一，就是要先行分類編目，然後再分類上架。這是最笨的方法。應該學習別的國家的大圖書館的排書上架的辦法。小型的圖書館當然應該分類編目，但大型的圖書館則不妨先行按大類上架，甚至全不分類即行上架，然後再編「著者」、「書目」、「分類」三個索引。

古書的分類編目，大可不必「中外統一」，那是王雲五的壞方法。史記、漢書固然應該歸到「歷史類」去，但像佔古書裏分量很大的夢溪筆談、西溪叢話、紫桃軒雜綴、分甘餘話等等，應該歸到那一類去？我的想法，古書的分類，還是不要多生枝節，老老實實地照「四庫」編目，先行編出，供給需要使用這些書的人應用為是。不必老在「分類法」上兜圈子，想主意，而總編不出「書目」來。

談分書

書是要讀、要用的。從前的藏書樓，像寧波范氏天一閣，衹是藏書而已。不要說外邊的人，即范氏的子孫們也只許每一年在曬書時候和書見面一次。清初，錢謙益藏有奇書，常常「諱莫如深」，不肯給人知道，更不肯借給人看。但現在卻大為不同了。私人的大藏書家，已經一天天地少了。即有若干小藏書家，即有些珍罕的好書，也藏不住，總得借給需要它的人使用。許許多多的大大小小的圖書館，更是彼此互通有無，誰也沒有「保密」的必要和可能的了。書是天下之公物，誰也不能擁而私之。古語所謂：「坐擁百城，雖南面王不易也」的「私諸個人」的時代，早已過去了。專家們的書房裏，多多少少地總會有些書，那是自己使用的東西，像傢俱、茶杯似的，用慣了的，總不能老去借用別人的。也可能，在其間有些光彩煥發的好書，甚至僅僅對於他，那個專搞這一行業的專家，十分有用的書。除了他和他的徒弟們，是不必引人人為「同行、同道」的，那麼，似乎也不必要大事宣傳。

在把「不見天日」的許多大圖書館裏的未編目上架的書整理出來之後，一定會有許多複本。據我所知，北京圖書館就有不少部雍正的朱批諭旨，不過沒有多大用處而已。故宮博物院圖書館裏也有不少部鉛印的清代各帝御製文集，聽說，也都分配到各個圖書館去了。

把複本書，把自己所不需要的或不合用的書，分配給了別的圖書館，那是「功德無量」的事，那是使「書」發揮了更大的更廣泛的作用的事，那是毫無私心的光明磊落的事。我在談訪書一文裏所說的廣州圖書館把宋版楊誠齋集送給了北京圖書館的事，就是典型的一個好例子。

也有出了偏差的，像北京院校調整的時候，原來也預備分書的，因為爭奪得太厲害，甚至有一個音樂機構，要把北京大學圖書館裏所有的音樂書籍，包括許多要從整套叢書裏拆散出來的本子在內，全都提了走。結果是不歡而散，一部書也沒有分成。

像那樣枝枝節節地「分」書，當然會發生問題。應該有一個通盤的計劃，先把各地集中的初步整理好的書籍，根據中央及各地的需要，分別先後緩急，一批批地調撥出去。絕對地不應該有地方觀念或「肥小公而忘記大公」的思想。各個大圖書館的複本書或待分配的書，也應該先行編個草目，以待統一分配，不宜自作主張，先行分配出去。那是會造成混亂現象的。全國有多少個圖書館需要朱批諭旨或御製文集的呢？

有不少大圖書館還存在著本位主義。自己不用，也不許別人用。像一個工業學校圖書館，收藏著十分豐富而重要的關於西洋文學的圖書，就是不肯調撥出去，給十分需要這些書籍的研究機構或學校使用。不明白其「道理」何在！這也是屬於把持或壓積研究資料的一類行為，對於我國科學研究工作的進行是有害的。

在各省、市集中了的圖書，當然首先要供應各省、市的本身的需要。從前說，「宰相要用讀書人」。我們現在深切地感覺到，專署的專員或縣裏的縣長應該要用些有文化的讀書人才好。每個縣長，至少要瞭解他那個縣的一切事情才是，換一句話說，他首先必須翻翻那一個縣的「縣誌」——即那一個縣的「百科全書」——才能明白那個縣的古往今來的事，那個縣的地下、地上的資源，各種土特產，以至地理知識和古跡名勝之區。否則，就會做錯了事，連他自己也還不知道。像紹興市的某些負責同志，連陸放翁和紹興的關係也還不知道，寧波市的負責文化部門的幹部，連天一閣在那裏也還茫無所知（這是一九五〇年〔？〕我到寧波去的事，現在當然是已經很熟悉的了）。所以我建議，各個地方的各種版本的「縣誌」、「府誌」，或其他有關的地方文獻資料，應該留在各該地方的專署、縣人民委員會裏或圖書館、文化館裏，作為「學習」資料的一種，而且是一部幹部必須學習的一種讀物。不過，像明刻本的或康熙刻本的「方誌」，已成了「珍本」、「古本」而不切實用的東西，則仍應該集中起來，分配給其他重要的圖書館保存起來，作為參考資料。

我初步估計一下，在各省、市的集中、整理工作的進行中，一定會有大量的、有用的圖書，包括不在少數的「古本」、「珍本」的圖書在內，被我們發現的。這樣徹底地做一番合情、合理，並且切合實際需要的調撥、分配工作，對於中國的科學研究事業的發展是會有很大的作用的。

這就是說，應「分」者，我們必須使之「分」，使之分配得「得當」。然後，書才能發揮其應有的作用，能夠使需要讀它的人看得到，而不至埋沒於灰塵寸重的黑漆漆的屋角裏。

同時，也還應該說明一下，不應該「分」的書，是絕對地不能使之「分」的。有的古代的藏書樓或圖書館，原是十分完整地，自有其歷史的意義與作用的，保存在一起，那麼，就會發揮其應有的很大的作用。一旦分散開了，就會碎割零切，不成片段，起不了什麼作用，除了毀滅了一個古老的好的圖書館之外別無其他的好處。且舉幾個實際的例子。像寧波天一閣、上海徐家滙圖書館、上海中華書局圖書館、上海亞洲文會圖書館等等，都有相當悠久的歷史（天一閣的歷史是四百五十年，徐家滙圖書館的歷史是四百年）。其藏書的性質也是各樹一幟的。把他們完整地保存了下來，是有其必要的，也有其需要的。像徐家滙圖書館，其庋藏各省方誌的書庫，是一省一省地做好了的書架的，檢閱起來十分方便。何必加以更變，徒增紛亂呢？我們不應該做這種「喫力不討好」的，甚至有害的事。又像中華書局圖書館，搜羅清末以來的各級各種的教科書最多，是研究近百年的教育史的和從事教育工作的同志們所最需要的一個大的豐富的寶庫。如果「分」散了，有何意義呢？又像亞洲文會圖書館裏的藏書，以整套的有關東方學的書刊為主。如果中國科學院一旦成立「東方學研究所」（？）之類的機構，將它作為一個圖書館的基礎，乃是一個十分合乎理想的，也是十分切合需要的事。如果把它「分」散了之後，再要建立起像那樣規模的一個圖書館來，便非十年、八年不為功了。學術研究的「甘苦」，在圖書館需要方面最能表現出來。國家對於科學研究事業是以大力發展之的，對於像這種有關整個科學研究事業發展前途的圖書分配、調撥工作，是應該細緻地、慎重地、合理地，而且還應該十分迅速地進行的。

談印書

古書常是孤本傳世，難於廣泛地流通。有些是原稿本，那麼，更是天壤間只此一帙了。數量少而欲讀之者多，那麼，勢非出於重「印」之一途不可。僅僅只印它百部、千部吧，已經是化身為百，為千，能夠供給千百個人或更多的人使用的了。有些舊報紙，極為珍貴的「孤本」，為了找材料的人太多，已經被翻閱得字跡都磨消了，紙張都鬆脆了，已經到了不可再閱的地步，然而還有人在翻閱。為什麼不趕緊地重「印」它若干份呢？有些舊雜誌，從第一號起，已經將近幾十年或百年了，全份的不可再得，特別是外文的、專門性的雜誌，那麼，翻印個五六百份乃至千份，也是完全必要的。這實在可算是直接地為科學研究服務了。

但那些外文的整套的舊雜誌的翻印方法，卻大大地值得考慮。北京大學圖書館主任向達先生向我訴苦，他那裏藏有外文的全套數學雜誌等等，翻印者們向他借出重印。怎能不借給他們呢？等到印畢歸還，原書已經鬆脆得不能再讀了。原來是用了「龍門」式的影印方法，將原書拆散了，一頁頁地直接上版印出的。這個方法，可謂魯莽滅裂之極。對於新出版的書的重印，或者可以如此做，因為原書還不難得，糟蹋一部、兩部的，還不會怎麼心痛。對於寶貴的圖書館的珍藏品，也用如此的方法處理之，實在未免只顧眼前，不問後果了。如何對得住國家的寶貴財產呢！為什麼不多花些功夫，多用些費用，改用石版或膠版的照相影印的方法呢？原書既可不受損傷，版面也格外顯得清晰，預約者所要花的錢也並不會增得太多的。何樂而不為呢？這樣地粗暴地對待國家所有的珍貴的圖書的態度和辦法是不能再容許繼續下去的了。

說起照相影印來，對待原本古書的態度豈是更謹慎、更仔細注意於保護原書些？一般說來，愛護原本古書的基本思想是建立起來了，但有的出版社態度還不免粗暴。原書是被拆散了照相的，等到還原時，式樣就有些更變了。有的裝訂得四不像，十分地狼狽。我有一冊水滸傳的插圖，被一個出版社借去照相製版。等到若干月之後還給我時，許多頁上都貼滿了白紙，寫了不少說明，要一撕下，原書的頁子，就會隨之而破裂了，只好隨它那樣滿身披掛了碎紙條下去。怎不令人氣憤呢！

不過儘管有些重「印」的辦法不對頭，重「印」還是一件好事，而且是一件必要的事。

印書的辦法多矣。這裏只談談古書的重印。按重「印」古書的辦法，有照原書影印的，有用鉛字排印的，有加以標點的，更有加以新的註解的。

在過去，總愛經史子集一道印，所謂四部叢刊，四部備要之類，流行甚廣，恰好配合所謂「國學必讀書目」之類的風行於世，大是無聊，只不過讓有錢人的客廳裏有一套新穎的陳設而已。在其間，四部叢刊是採用善本加以影印的，四部備要則是採取通行本加以排印的。四部備要裏的若干照「古本」排印的書，其實祇是竊之於四部叢刊的，像唐孟浩然集，就是一個證據。還有國學基本叢書則是加以標點的，學生國學叢書則是新的選本，並加以新的註解的。他們都是用「國學」或「四部」的大招牌，包羅了不少東西。但所有那些東西，給專家們使用是萬萬不夠的，給初學者們使用卻又嫌其太艱深，同時，沒有用的東西也太多。還不如像從前世界書店出版的「四書五經」、「諸子集成」、「文選」等，反而大有用處，廉價而使用方便。開明書店出版的二十五史補編則是供給專家們使用的。

現在如果重「印」古書，應該取過去之所長，而棄去其所短，換一句話，就是說，包羅萬有的東西不應該再有了，除非說明是專門供給中、小型圖書館用的。其實，連中、小型的圖書館，對於那一類的「四部」、「國學」也是不會歡迎的。其中有多少是「廢物」！但比較專門化的東西卻是必要的，且無論對於專家們或初學者們都是需要的。

所謂專門化的東西，指的是，凡「印」書一定要成「類」成「門」，像二十五史補編或諸子集成那樣。現代的讀者們，專家們，需要的是自己本行的東西和應該參考的東西，而不是「包羅萬有」的「叢刊」、「備要」、「文庫」之類。我們懸想：應該重印的專門書有多少？醫藥衛生的書不是很需要麼？不僅給中醫看，也要給學習中醫、中藥的醫生和藥劑師看。但這一類的書，印錯了一個字，排錯了藥品的分量，就會出大毛病，甚至會死人；所以，必須慎之又慎地重印，而且對於古本醫書，應該用原著或最好的、最可靠的本子影印。其整理、排印的一部分更必須三校、五校，以至盡善盡美為止。人命關天，豈同兒戲！農業科學的書，也是今日所急需的。那麼重要的一部農政全書（明徐光啟著），今天還沒有新版子呢。我們古代的農業科學的知識多麼豐富，且是切合於本國、本地的需要的；它們乃是千萬年的農事經驗的總結。怎能不搜集起來，作為一部乃至若干部的「中國農業叢書」、「中國花木種植叢書」等等，陸續出版呢？這是有關於國計民生的事。乃至小說、戲曲、歷史、地理等部門，也都是亟需有一套套的大大小小的叢書出版的。單就歷史而言，關於史記的註解與考證就可以出一部大叢書。宋代、元代、明代的史料書，更是汗牛充棟，決不是一兩部叢書所能包括得了的。其他，前代學者們未刊的著作，更不知有多少。今天把他們搜集起來，為他們延千百年的壽命，且化身千百，各地乃至各國都有機會讀到，豈不是盛事！像宋代寫本的洪範政鑒，孤帙單傳，至今將近千年，不僅未有刻本，亦且未有其他傳鈔本。這書乃是「雙鑒樓」傅增湘氏的「雙鑒」之一「鑒」，由其後人捐獻給政府的。作為一部「政治學」的參考書看，它是很重要的。為什麼不急急地付印呢？

像這一類重「印」書，範圍要廣、要多，每類每門，各自成一叢書，只供專家們的參考，完全不必要推廣，祇是研究的或參考的資料而已。如古代的戲曲，重「印」成古本戲曲叢刊，如出齊了，就有一千六百多種。那些還祇是以南北曲寫成的戲本呢，如果包括地方戲的劇本在內數量要更多，更大了。不是搞中國戲曲史的，不是搞「戲改」或搞戲曲創作的人，要它何用。一般的中國文藝研究者不必要完全讀或看那麼多的戲曲的。其它影印的大部叢書，其供給的對象也是如此的有限度。這祇是把一部部地鈔寫，或者十部或幾十部的打字或鈔寫油印，改為照相石印而已。不僅可以留真，省下繁重的校對力量，且也比較美觀、省費，百部、二百部即可以印，三千、五千部也可以印，伸縮性很大。所以我主張，凡小量印行的內部參考資料式的專門性古書，都可以用這種辦法重「印」，如果嫌每頁照相重印紙張太費，則對於純粹參考性質的書，像皇明獻徵錄、皇明經世文編之類，可以用縮本四部叢刊或中華書局重印圖書集成的辦法，每四頁或六頁縮成一頁印出，則大可以省功、省料。不過，要精讀的書，像農政全書之類，或版本十分精良的書，像明弘治刻本西廂記，宋蜀刻本陳後山集之類，就不能用這個辦法，而應該用古本戲曲叢刊或四部叢刊的式樣重「印」了。

凡需要量比較大，而且應該加以重新整理，甚至必須加以新注、新解的古書，像十三經，二十四史之類，則我們得集中些專家們組織專門的編輯委員會，分別進行整理工作，俾能於幾年或十幾年之內，有面貌全新，校勘精良的中華人民共和國版的十三經、二十四史出版。在這方面，說來話長，擬寫專文論之，這裏不多談了。

也還有不少重要的古書，需要有一種或一種以上的新版本的。所謂「新版本」，必須具備的條件是：（一）最近於原本的面貌，校勘精確，力求沒有錯字。（二）加以分段及標點。遠在漢代「章句」之學就是很重要的了。（三）附索引及其他必要的附錄；還有比較詳明的序言，這序言，的確是出於專家的手筆，不是草率敷衍的。如果有新的註解，那麼，更是一部專門的新著了。

重「印」的專門化的內部參考資料，搜羅得要廣、要備。重要的必需的一般參考書，校印得要精審，要使讀者們檢閱便利。主要的「讀本」一類的書或最常被閱讀的文藝書，更要有精良的「新版本」。總之，專門的叢書要多種多樣，以完備不漏為主。重要的一般的古書，選擇得要精，要嚴，以版本精良為主。又，「選本」的作用最大。用新的眼光來選古詩文，是有必要的，對於一般讀者們是最有益處的。新的「選本」和新的「版本」的印行，同是今日當務之急。

原載一九五六年《人民日報》

跋

隱身淪陷區八年的書癡——鄭振鐸

郝明義

這時候，外面的空氣越來越恐怖，越來越緊張，已有不少的友人被逮捕了去，我乃不能不走。……我沒有確定的計畫，我沒有可住的地方，我沒有數餘的款子。……以前暫時躲避的幾個戚友處，覺得都不大妥，也不願牽連到他們，只隨身攜帶著一包換洗的衣衫和牙刷、毛巾，茫茫的在街上走著。那時，愛多業路，福煦路以南的舊法租界，似乎還比較的安靜些，便無目的的向南走去。這時候我頗有殉道者的感覺，心境慘惶，然而堅定異常。太陽很可愛的曬著，什麼都顯得光明可喜，房屋、街道、禿頂的樹，雖經霜而還殘存著綠色的小草，甚至街道上的行人，車輛，乃至蹲在人家門口的貓和狗，都覺得可以戀戀。誰知道明天或後天，能否再見到這些人物或什麼的呢！

上面這段文字，並不是出自於什麼諜報小說的情節，也不是敵後情報人員的回憶錄。而是出自於一位在戰爭歲月裡為搜書、救書而不惜奉上八年歲月，以及身家性命的人。一如文中所言，他是以殉道者的心情在做這件事情的。

鄭振鐸。這位現代中國文學史上旗手級的人物，同時也以愛書成癖，愛書成痴而為人傳頌。要了解他對書的感情到底熱烈到什麼程度，不能不看他怎樣為書而在抗日戰爭中獻身八年的經歷。

一九三七年八月，日本進犯上海，當時人稱「八・一三」事變，正式、全面揭開中日戰爭的序幕。

中國江南的藏書家，既多又有傳統，戰火一起，這些藏書家首當其衝，成了莫大的受害者。固然有些藏書家能把所藏遷移安置，不受兵火之累，但許多藏書也毀於兵火。更多的情況是，藏書家或是為了要贍救其家屬，或是為了維持生計，紛紛出售其所藏。如此散出去的古籍，都集中到上海的書市，形成「是那麼多，那麼齊整，那麼精好，而且十分的廉價」的局面。

這樣的情勢中，上海書市固然也有些行有餘力，品味獨到的個人藏書家在精挑細買，但更多的是來自北平的書商。「幾乎每一家北平書肆都有人南下收書。在那個時候，他們有縱橫如意、壟斷南方書市之概。他們往往以中國書店為集中的地點。一包包的郵件，堆得像小山阜似的。」

當時的鄭振鐸，在上海是暨南大學文學院院長。戰爭爆發後，能走的人都離開上海了，鄭振鐸的許多親友也勸他離開上海。但最終他卻還是決定留在上海，不但留下，還一留就是八年。

「從『八・一三』以後，足足的八年間，我為什麼老留居在上海，不走向自由區去呢？時時刻刻都有危險，時時刻刻都在恐怖中，時時刻刻都在敵人的魔手的巨影裡生活著，然而我不能走。許多朋友們都走了，許多人都勸我走，我心裡也想走，而想走不止一次，然而我不能走。我不能逃避我的責任。我有我的自信力。我自信會躲過一切災難的。」

他的責任是什麼呢？就是在這麼一個動盪的大時代裡，他要為那些顛沛流離的書籍做些事情。

鄭振鐸在上海八年為書籍所做的事情，可以分為兩個階段。第一個階段的四年，是收書；第二個階段的四年，則是保存這些收到的書籍。

第一階段四年，又可分前面兩年與後面兩年。前面兩年，他主要只是進行個人的收藏。這是基於他對中國古文學與典籍的愛好，覺得在這樣一個動盪的年代裡，許多原來深藏不露的珍本古籍既然開始流落在外，他應該趁著這個機會搜羅到，或起碼看到久聞其名的一些書。他的想法，可以看一段深情告白：「我夢想著要讀到錢遵王也是園書目裡所載許多元明雜劇。我相信這些古劇決不會泯沒不見於人間。他們一定會傳下來，保存在某一個地方，某一藏家手裡。他們的精光，若隱若現的直衝斗牛之間。不可能為水、為火、為兵所毀滅。」

但在他個人收書的這段時間，由於眼見北平來的書商活動日益加大，「江南的圖籍，便浩浩蕩蕩的車載北去」，先是因為有好書必為其所奪去，而懊惱不已，但接著就起了一個疑問：「他們所得售之誰何人呢？」

鄭振鐸打聽的結果是：北方的收藏家雖然也收一些特殊的書，但大半是送到哈佛燕京學社和華北交通公司去。「殿版書和開化紙的書，則大抵皆送到偽『滿洲國』去。」

有了這些發現，他不由得「憂心如搗」！一來是因為覺得這些古籍全都流落到美國人和日本人手上，將來需要研究的人還得到外國去留學。二來是，華北交通公司等收購的書，主要是府縣志及有關史料文獻者，不說遠的影響，光以當時的戰爭情況而言，他就擔心為日本人用來調查物資，研究地方情形及行軍路線。

在這個每天聽到某某某家的藏書又要散出，一個個北平書商又千方百計地想要鑽營門路，拔得先籌，而自己又沒有力挽狂瀾的力量，鄭振鐸的苦悶是可以想像的。他和當時一些關心文獻的人士（代表人士是商務印書館的張菊生先生）商談多次之後，「我們對於這個『搶救』的工作，都覺得必須立刻要做！我們乾脆地不忍見古籍為敵偽所得，或大量的『出口』。我們聯名打了幾個電報到重慶。我們要以政府的力量來阻止這個趨勢，要以國家的力量來『搶救』民族的文獻。」

重慶有了回應，同意了他們的要求。於是鄭振鐸在上海的第一個階段後兩年的生活展開了。他開始為國家而不是個人而開始收集藏書。請看他如何敘述他的生活：

「有一個時期，我家裡堆滿了書，連樓梯旁全都堆得滿滿的。我閉上了門，一個客人都不見。竟引起不少人的誤會與不滿。但我不能對他們說出理由來。我所接見的全是些書賈們。從絕早的早晨到上了燈的晚間，除了到暨大授課的時間以外，我的時間全耗於接待他們，和他們應付著，周旋著。我還不曾早餐，他們已經來了。他們帶了消息來，他們帶了『頭本』來，他們來借款，他們來算帳。我為了求書，不能不一一的款待他們。有的來自杭州，有的來自蘇州，有的來自徽州，有的來自紹興、寧波，有的來自平、津，最多的當然是本地的人。我有時簡直來不及梳洗。我從心底裡歡迎他們的幫助。就是沒有舖子的揹包的書客，我也一律的招待著。」

書商帶來的，往往是一些並沒有什麼價值的東西，但是支持他在失望中繼續做下去的，則是有一日有所得時候的那種狂喜。從他如何解釋他那種狂喜的心情，我們不能不同意他被稱之為書癖也好，書癡也好的道理。他是這麼解釋的：

「在許多壞書、許多平常書裡，往往夾雜著一二種好書、奇書。有時十天八天，沒有見到什麼，但有時，在一天裡卻見到十部八部乃至數十百部的奇書，足以償數十百日的辛勤而有餘。我不知道別的人有沒有這種經驗：摩挲著一部久佚的古書，一部欲見不得的名著，一部重要的未刻的稿本，心裡是那麼溫熱，那麼興奮，那麼緊張，那麼喜悅。這喜悅簡直把心腔都塞滿了，再也容納不下別的東西。我覺得飽飽的，飯都吃不下去。有點陶醉之感。感到親切，感到勝利，感到成功。我是辦好了一件事了！我是得到並且保存一部好書了！更興奮的是，我從刼灰裡救全了它，從敵人手裡奪下了它！我們的民族文獻，歷千百刼而不滅失的，這一次也不會滅失。我要把這保全民族文獻的一部分擔子挑在自己的肩上，一息尚存，絕不放下。」

鄭振鐸為國家所收的書，每一種都有他的激動與血淚。他的〈跋脉望館鈔校本古今雜劇〉一文值得一讀。這一篇文章裡又有他收書過程裡，偵探小說般的緊張與懸疑，又有豐富的中國戲曲知識，又有他的獨到見解，何其難得。

一九四一年十二月，日本偷襲珍珠港，太平洋戰爭爆發，上海全面為日本佔領，鄭振鐸的生活進入第二個階段。情勢險惡到他連收書的動作也停止了。此後開始的四年，他的工作主要是如何設法把已經搜羅到的書，輾轉運送出去，或是妥予保藏。

這四年裡，為了安全，他甚至不再能在自己的家裡居住。他的日子是這麼過的：

「我東躲西避著，離開了家，蟄居在友人們的家裡，慶吊不問，與人世幾乎不相往來。我絕早的起來，自己生火，自己燒水，燒飯，起初是吃著罐頭食物，後來，買不起了，只好自己買菜來燒。在這四年裡，我養成了一個人的獨立生活的能力，學會了生火，燒飯，做菜的能力。」

這篇文章一開始所引的段落，也是鄭振鐸在這四年生活裡的記錄。而這段生活，終於以抗戰勝利為結束。鄭振鐸的人生，又是另一番局面。

回顧鄭振鐸在這八年所做的事情，就一個後來的人而言，最大的感佩有幾點：

首先，是一個書生的志氣與力量到底可以發揮到多大。他為了保存古籍而奮戰的那四年，「其初，僅阻擋住平賈們不將江南藏書北運，但後來，北方的古書也倒流到南方來了。我們在敵偽和他國人的手裡奪下了不少異書古本。」

第二，他雖然愛書如命，一旦開始為國家收書之後，「幾乎把別的什麼全都放下了，忘記了。我甚至忘記了為自己收書。我的不收書，恐怕是二十年來所未有的事。但因為有大的目標在前，我便把『小我』完全忘得乾乾淨淨。我覺得國家在購求搜羅著，和我們自己在購求搜羅沒有什麼不同。藏之於公和藏之於己，其結果也沒有什麼不同。我自己終究可以見到，讀到的。」

第三，就算生活固然過得這麼艱苦（第二個階段東躲西藏，實在拮据的時候，他也不得不再把自己舊藏的一些書賣掉），一個愛書如命的人，則是絕不會讓生活過得無趣的。後來他回顧，竟然還編印了許多書，整理了不少古書，寫了好些跋尾。「我並沒有十分浪費這四年的蟄居的時間」，他說。

一九四九年後，鄭振鐸擔任起中華人民共和國政府裡的職務，最高做到文化部副部長。一九五八年他奉派到阿富汗等地訪問時，不幸在蘇聯上空飛機失事罹難。

他如此愛書，因此也是個幸運的人。他不必趕上文革的場面，不必為書心碎。

本文引用資料來自〈求書日錄〉

Passion 11
失書記

作者：鄭振鐸
責任編輯：徐淑卿
封面設計：張士勇工作室
法律顧問：全理法律事務所董安丹律師
出版：英屬蓋曼群島商網路與書股份有限公司台灣分公司
台北市 10550 南京東路四段 25 號 10 樓之 1
TEL ： 886-2-25467799 FAX ： 886-2-25452951
email ： help@netandbooks.com
http://www.netandbooks.com

發行：大塊文化出版股份有限公司
台北市 10550 南京東路四段 25 號 11 樓
TEL ： 886-2-87123898 FAX ： 886-2-87123897
讀者服務專線： 0800-006689
email ： locus@locuspublishing.com
http://www.locuspublishing.com
郵撥帳號： 18955675
戶名：大塊文化出版股份有限公司

總經銷：大和書報圖書股份有限公司
地址：台北縣新莊市五工五路 2 號
TEL ： 886-2-89902588
FAX ： 886-2-22901658

製版：瑞豐實業股份有限公司
初版一刷： 2007 年 3 月
定價：新台幣 250 元

國家圖書館出版品預行編目資料

失書記／鄭振鐸著.－－初版.－－臺北市：
網路與書出版：大塊文化發行， 2007〔民96〕
面；　公分.－－（Passion；11）
ISBN 978-986-6841-00-2（平裝）
1.藏書 2．圖書 3．收集與保存

029.2　　　96002650